Arno Schmidt Stiftung, Bargfeld
Hefte zur Forschung
5

Maike Bartl

# »Ein erloschener Leuchtturm«

*Pharos oder von der Macht der Dichter*
und die »Methodik des Entkommens«
in den *Juvenilia*

Alle Rechte vorbehalten.
Copyright 2001 bei der Autorin.
Gestaltung, Satz:
Friedrich Forssman, Kassel
Herstellung: Robert Wilk, Friedrichsdorf
Bindung: Schaumann, Darmstadt
ISBN 3 923460 09 0

# Einleitung

Der frühe Text Arno Schmidts *Pharos oder von der Macht der Dichter,* den er 1974/75 mit einigen Veränderungen in *Abend mit Goldrand* einfügte, wird von den Herausgebern der Bargfelder Ausgabe als »Bindeglied zwischen den Juvenilia und dem von Schmidt veröffentlichten Werk«[1] angesehen und entsprechend auf zwischen Ende 1943 und Anfang 1946 datiert.

Der gegenüber den anderen *Juvenilia*-Texten stark veränderte Stil und Aufbau sowie die hier zum ersten Mal verwendete diaristische Erzählsituation legen zunächst den Schluß nahe, daß der *Pharos* »nicht mehr zu den Juvenilia [gehört], sondern [...] bereits das erste veröffentlichte Frühwerk [präludiert]«.[2]

Ziel dieser Arbeit ist es, die Position des *Pharos* im Werk Arno Schmidts zu bestimmen. Ich werde dafür argumentieren, daß der *Pharos* aufgrund motivischer Zusammenhänge als Teil der *Juvenilia* und gleichzeitig als deren Endpunkt gelesen werden muß. Da mit dem *Pharos* nicht nur eine Entwicklung abgeschlossen wird, sondern zugleich Motive sowie formal-ästhetische und stilistische Eigenheiten der Texte des *Leviathan*-Bandes vorbereitet werden, nimmt der *Pharos* eine Sonderstellung als Bindeglied zwischen den *Juvenilia* und dem Nachkriegswerk ein. Der Sonderstatus der Erzählung wird durch die Einfügung in *Abend mit Goldrand* zusätzlich betont.[3]

Um die Stellung des *Pharos* als Bindeglied argumentativ entwickeln zu können, ist eine möglichst genaue und kleinteilige Analyse der älteren Texte des *Juvenilia*-Konvoluts nötig, da nur so angegeben werden kann, womit der *Pharos* (und das Nachkriegswerk) bricht. Eine Einbindung der *Juvenilia* in das Werk Arno Schmidts, die eine differenzierte,

---

1  BA I/4, S.637. (BA = Bargfelder Ausgabe der Werke Arno Schmidts mit Angaben von Abteilung, Band und Seite) Alle folgenden in Klammern gesetzten Angaben im Text beziehen sich auf diesen Band.

2  Dieter Sudhoff: *«Denn ich bin ein großer Zauberer!»,* S.82.

3  Auf die in *Abend mit Goldrand* eingefügte Fassung des *Pharos* kann im Rahmen dieser Arbeit nicht eingegangen werden. Die Textabweichungen zwischen beiden Fassungen sind für das Verständnis sowohl des *Pharos* selbst, als auch für die Position, die er in *Abend mit Goldrand* einnimmt, bedeutsam. Da das Ziel dieser Arbeit die Einordnung des *juvenilen Pharos* ist, werde ich mich durchweg auf die frühere Textfassung beschränken.

über den Nachweis epigonaler Züge hinausgehende Auseinandersetzung fordert, ist über diesen Weg meine ausdrückliche Absicht.[4] So
plötzlich der Umschwung von den beschaulichen Szenarien der *Juvenilia*-Texte zu der archaischen und bedrohlichen Atmosphäre des *Pharos*
auch scheinen mag, er kommt doch nicht ganz unvorbereitet: Dem
über weite Teile ohnmächtigen Diaristen des *Pharos* geht eine Entwicklung von zunehmender Beschädigung der jeweiligen Zentralfigur
in den *Juvenilia*-Texten voraus. Um diese Entwicklungslinie verfolgen
zu können, werde ich die Chronologie innerhalb der *Juvenilia* einhalten
und auf Abweichungen, wie sie von Schmidt für *Arno Schmidts Wundertüte* an der Erzählung *Die Fremden* (und an den darin enthaltenen Kin-
dererzählungen *Der Rebell* und *Das Kraulemännchen*) in den fünfziger
Jahren vorgenommen wurden, gegebenenfalls gesondert verweisen.
Mein Umgang mit dem *Juvenilia*-Konvolut wird also sein, Spuren, die
auf die komplizierte Konstellation im *Pharos* hinweisen, zu verfolgen.
Das Ziel dabei ist aber nicht, die psychischen Dispositionen des Autors
während des Krieges aus den *Juvenilia*-Texten zu rekonstruieren – wie
dies an anderer Stelle versucht wurde[5] –, sondern sie als Teil des Werkes aufzufassen, der Aufschluß über Aspekte und Akzentuierungen in
anderen Teilen geben kann. Den frühesten Texten aufgrund eines
ästhetischen Werturteils[6] eine ernsthafte Auseinandersetzung zu ver-
weigern, scheint um so unzulässiger, als Teile von ihnen in das Werk

---

4  Die Auseinandersetzung mit den *Juvenilia* in der Forschungsliteratur geht über
diesen Nachweis meist nicht hinaus. Der Versuch, eine Entwicklung *innerhalb* der
*Juvenilia* zu beschreiben, ist meines Wissens noch nicht unternommen worden;
sowohl die in Schardt: *Das Frühwerk III* versammelten Aufsätze, als auch Thomas
Körbers (*Arno Schmidts Romantik-Rezeption*) und Bärbel Ducksch' (*Arno Schmidt und die
Romantik*) Studien vermitteln den Eindruck, als handle es sich bei dem *Juvenilia*-
Konvolut um Variationen ein und desselben Textes.
5  Sudhoff: *»Denn ich bin ein großer Zauberer!«*, S.69f.: »[Er] negierte [...] in beinahe
schizoider Weise seine nackte Existenz als Wehrmachtssoldat und überließ sich
einem selbstsuggestiven Phantasie- und Schreibstrom, der wie in der Kindheit positive Gegenwelten schuf und nun auch fixierte.« Wolfgang Martynkewicz: *»Ich bin ein
wunderliches und phantastisches Kind«*, S.165: »Ein Schreiben, das alle Züge einer hygie-
nischen Maßnahme zur Bewältigung des Erlebens trägt.« Thomas Krömmelbein:
*Selbstporträt in gefährdeter Zeit*, S.144: »So wird der *Siebold* zu einem beklemmenden
Dokument der inneren Emigration seines Autors.«
6  ›Hauptanklagepunkte‹ nahezu aller Arbeiten zu *Juvenilia*-Texten sind die Epigonalität der Texte, ihre eskapistische Tendenz, die clichéhafte, übersentimentale Handlung, die häufige Verwendung von Diminutiva und zuweilen die Spannungslosigkeit
zwischen der dargestellten Menschen- und Elementargeisterwelt.

nach 1946 integriert wurden, deren Analyse nur unter Kenntnis der juvenilen Fassung möglich ist. So sehr Schmidt den Kritiken rechtzugeben scheint, indem er mancherorts eskapistisches Schreiben schwer verurteilt –

> Aber es gibt *ein* Reservoir, *eine* unendliche Stoffquelle, die noch Niemand vor mir ausgeschöpft haben *kann*: *meine eigene Zeit nämlich!*
> Die ist immer neu, mit neu zu schildernden kuriosen Geräten: das Erlebnis eines Düsenjägers *kann* Goethe mir nicht vorweggenommen haben! Freilich: wenn ich Poesie nur darin erblicke, daß ich, escapistisch, ‹Renaissanceromane› verzapfe, anstatt mich um die ‹Zonengrenze› zu bekümmern – dann entmanne ich mich selbst; nehme mir höchst eigenhändig die Chance der apartesten Originalität![7]

– und als Vorwurf gegen den zu *Juvenilia*-Zeiten noch hochgeschätzten Stifter wendet,[8] so wenig trägt der Begriff ›Eskapismus‹ zur Analyse der *Juvenilia* bei, insbesondere dann nicht, wenn nicht erklärt wird, was unter ›eskapistisch‹ verstanden werden soll.[9]

Darüber hinaus muß zweifellos festgestellt werden, daß Schmidt seine eigenen juvenilen Texte immer wieder einer Einarbeitung für würdig befunden hat: In *Schwarze Spiegel* ist *Der Rebell* ein Geburtstagsgeschenk für Lisa, das auch zur Hälfte verlesen wird;[10] Herr Gaza aus der *Holetschkagasse* taucht in *Brand's Haide* wieder auf, seine Kollegen (auch sie Wetter-Spezialisten) Sizisso, Hal(l)idaura, Leilemun, Quasor und Gwundel geistern in *Zettel's Traum* herum. Ann'Ev' und A&O machen in *Abend mit Goldrand* einen Ausflug in die Szenerie der *Rosenroth*schen Wolkeninsel.[11] Die Autorschaft einzelner *Juvenilia*-Texte wird im-

---

7  *Die Meisterdiebe. Von Sinn und Wert des Plagiats.* In: BA II/1, S. 353.
8  *Der sanfte Unmensch (Einhundert Jahre ‹Nachsommer›).* In: BA II/2, S. 77: »Eine noch eindringlichere Magna Charta des Eskapismus ist schwer vorstellbar.« Und S. 85: »das ‹Zeitlose› war immer der Treffpunkt literarischer Drückeberger und menschlicher Deserteure!«
9  Innerhalb des von Michael Matthias Schardt herausgegebenen Bandes *Das Frühwerk III* wird der Begriff ›Eskapismus‹ für sehr unterschiedliche Phänomene wie Flucht in die Idylle oder Zeitflucht, zum Teil deskriptiv, meist aber normativ gegen den ästhetischen Wert der *Juvenilia* gewandt. Ich werde in meiner Arbeit nicht mit diesem Begriff arbeiten und anstelle dessen die Bedeutung der Orte und Zeiten für die einzelnen Texte beschreiben.
10  *Schwarze Spiegel.* In: BA I/1, S. 254–257.
11  *Der Garten des Herrn von Rosenroth.* In: BA I/4, S. 475–481; *Abend mit Goldrand.* BA IV/3, S. 284–286 (Bild 52).

mer wieder Figuren zugeschrieben, so z.B. dem erschlagenen Heide-
dichter in *Zettel's Traum* wenigstens *Mein Onkel Nikolaus, Der Garten des
Herrn von Rosenroth, Die Insel* und die *Dichtergespräche im Elysium.*[12] Die Erzählerfigur im *Schulausµug* ist der Autor der *Holetschkagasse.* Martin
Schmidt und auch Georg Düsterhenn wird die Autorschaft des *Pharos*
zugeschrieben.[13] Die Frage, ob die postum herausgegebenen *Juvenilia*-
Texte, trotz ihres privaten Charakters – alle Texte bis auf den *Pharos*
sind mit der persönlichen Widmung »für Alice« versehen –, in gleicher
Weise wie das zu Schmidts Lebzeiten veröffentlichte Werk bearbeitet
werden können, ist schon aus diesem Grunde zu bejahen. Mit Bemer-
kungen wie der gegenüber Ernst Krawehl geäußerten, bei den *Dichtergesprächen* handle es sich um »die allererste Fassung der ‹Tina›«[14], hat
zudem der Autor selbst die Einbeziehung seines ›Jugendwerkes‹ offensichtlich nahegelegt. Darüber hinaus plante Schmidt noch nach 1945
eine eigenständige Buchausgabe der »reizenden 3 Elementargeistererz.[ählungen]«[15] *Das Haus in der Holetschkagasse, Der Garten des Herrn von
Rosenroth* und *Die Fremden.* Eine Veröffentlichung der *Wundertüte* hat
Schmidt nachweislich bis 1951 verfolgt.[16] Die Tatsache, daß Spuren der
*Juvenilia* bis in das letzte fertiggestellte Werk *Abend mit Goldrand* hin-
einreichen, fordert dazu heraus, neben dem Bruch, der sicherlich mit
ihnen stattgefunden hat, dem positiven Bezugspunkt nachzuspüren.

Den Übergang zwischen dem postum und dem zu Lebzeiten veröffentlichten Frühwerk Schmidts werde ich anhand der ›*Methodik des Entkommens*‹ zu markieren versuchen. Dieser Ausdruck ist dem *Leviathan*
entnommen und aus meiner Sicht besser geeignet als das von Wollschläger vorgeschlagene Insel-Motiv[17], den Bewegungsdrang der juvenilen wie der Nachkriegsfiguren differenziert beschreiben zu können.
Solange das Ziel des Flüchtenden als begehbarer *Ort* vorgestellt wird –
wie in *Die Insel* und *Dichtergespräche im Elysium* –, ist eine solche Meta-
pher hilfreich, sobald die Strategie aber nicht mehr in einem Orts-

---

12 *Zettel's Traum,* ZT 11. *Die Insel* hier unter dem Titel »Das Schloß in Ungarn«.
13 *Caliban über Setebos.* In: BA I/3, S. 483.
14 Zitiert nach den editorischen Nachbemerkungen zu BA I/4, S. 636.
15 Tagebuch von Alice Schmidt am 17.10.1948. Zitiert nach dem Nachwort zu
*Arno Schmidts Wundertüte,* S. 213.
16 vgl. zur »Nicht-Publikationsgeschichte« der *Wundertüte* das Nachwort (ebd.,
S. 213–222).
17 Hans Wollschläger: *Die Insel,* S. 19–62.

wechsel, sondern in einer Zustandsänderung mündet, verliert sie ihre Überzeugungskraft, da sie bedeutend scheinende Unterschiede nicht erfassen kann. Darüber hinaus ist es mir wichtig, nicht nur den Ort oder Zielzustand der Bewegung, sondern auch die *Person*, die entkommen kann und will, zu charakterisieren. Meine These ist, daß bis zum *Pharos* der (belesene) *Mensch* als eine solche Person verteidigt wird, der *Pharos* selbst aber mit der Möglichkeit zu entkommen, »zumindest auf der ‹Menschenstufe› der geistigen Wesen«[18], bricht. Dieser Bruch wird im nachstehenden Werk nicht mehr zurückgenommen.

Der meiner Arbeit vorangestellte Prolog wird die ›Methodik des Entkommens‹ aus den von mir als programmatisch verstandenen Kindheitserzählungen *Der Rebell* und *Das Kraulemännchen* sowie aus den metaphysischen Passagen des *Leviathan* herausarbeiten.

Den ersten Teil dieser Arbeit bildet die Analyse dieses Motivs in den *Juvenilia*. Dabei werde ich nachzeichnen, *wohin* die Fluchtbewegung geht, d.h. wie das ›Elysium‹ vorgestellt wird und vor allem *wer* als Idealfigur, als Reisender in dieses Elysium, beschrieben wird. Der Bibliothekar der *Insel* wird von mir als prototypisch aufgefaßt, und entsprechend ausführlich wird meine Beschäftigung mit diesem ersten Text ausfallen. Die spezifische Situation in der *Insel* – zwei Menschen reisen in eine unter der Erdoberfläche liegende Welt, ein Relikt längst vergangener Erdzeitalter, um dort nur auf sich gestellt eine Hütte und ein neues Leben aufzubauen und damit den Beweis für eine bessere menschliche Existenzweise anzutreten – legt es nahe, den Parallelen und Unterschieden zur Robinsonade und zur literarischen Utopie (und zu Vernes *Reise zum Mittelpunkt der Erde*) nachzugehen. Auf Grundlage dieser Analyse lassen sich auch die *Dichtergespräche im Elysium* als im Vergleich zur *Insel* schon eingeschränkter, utopischer Entwurf lesen. In der »‹Märchenserie› a la Hoffmann & Tieck«[19] existiert neben der Menschenwelt eine Welt der Elementar- und Astralgeister, die sich dem jeweiligen Protagonisten zu erkennen geben und in sein Leben eingreifen. Ist *Der junge Herr Siebold* noch Manns/Mensch genug, das wundersame Geschenk des Elementargeistes dankend abzulehnen, versucht schon der Student aus *Das Haus in der Holetschkagasse*, in die Gemeinschaft der Geister aufgenom-

18 *Leviathan oder Die beste der Welten.* In: BA I/1, S.54.
19 Editorische Nachbemerkung zu BA I/4, S.636.

men zu werden; ein Wunsch, der sich erst nach einer harschen Zurück-weisung mit beinahe tödlichem Ausgang für den ›Helden‹ mit Hilfe der geliebten Tochter des Hauses erfüllt. Nicht sehr viel besser ergeht es dem Studenten in *Der Garten des Herrn von Rosenroth* – auch er wäre ohne die hilfreiche Unterstützung seiner Elv wohl kaum zum Ziel gelangt. Das Thema der Beschädigung der menschlichen Hauptfigur und damit ihrer Hilfsbedürftigkeit wird in *Die Fremden* deutlich weiter verfolgt: Hans Flick ist blind. Und wenn das Happy-End mit der Vereinigung der Liebenden nach dem Muster der vorigen Texte auch hier das geglückte Entkommen anzeigt, ist in den *Fremden* schon eine ganz andere Alter-native angelegt, die aber nicht verfolgt wird. Hans Flick ist als erste Fi-gur Autor, der zwar keine Existenz im Sinne der *Insel* erbauen kann, aber kraft seiner Phantasie Welten erschaffen kann. Der letzte, Frag-ment gebliebene Text *Mein Onkel Nikolaus* bereitet auf die Figuren-konstellation des *Pharos* vor, indem auch hier eine gegenüber der Zen-tralfigur Nikolaus deutlich unterlegene Erzählerfigur gewählt wird. Zwar nimmt sich der Onkel in *Mein Onkel Nikolaus* noch seines Neffen an und führt ihn in seine Gedankenwelt ein, die für den *Pharos* folgen-schwere Trennung der menschlichen von anderen, höheren Welten wird aber schon hier behauptet.

Auch wenn sämtliche Versuche zu entkommen in den *Juvenilia*-Tex-ten glücken, nimmt die Fähigkeit der menschlichen Hauptfigur ab, dies ohne fremde Hilfe von außen zu erreichen. Gleichzeitig wird der Wert einer elementargeisterlichen Existenz zunehmend betont.

Dieser sich vergrößernde Abstand zwischen den Menschen und den Elementargeistern und die schließliche Trennung der Wirklichkeiten im *Nikolaus* wird mir als Ausgangspunkt für den zweiten Teil der Ar-beit dienen, der den *Pharos* analysiert. Anhand der beiden Figuren des Textes, dem Leuchtturmwärter und dem Diaristen, werde ich zeigen, inwiefern sie beide (auch) Weiterführungen bekannter juveniler Cha-raktere sind, wobei der Diarist als Endpunkt einer sich innerhalb der *Juvenilia* abzeichnenden Entwicklung gelesen werden kann. Während die verschiedenen Charaktere in den vorigen Texten noch miteinander harmonieren, stehen sich ihre radikalisierten Nachfolger im *Pharos* un-versöhnlich gegenüber; die Beschreibung ihres Verhältnisses zueinan-der soll klären, was sie voneinander trennt. Im *Pharos* werden aber nicht nur Motive und Konstellationen aus den vorigen Texten aufgegriffen, sondern auch über den »Seesatan« (626) die pessimistische Kosmologie des *Leviathan* vorbereitet. Ich werde versuchen, die Entwicklung der komplexen Leviathan-Metapher als schwarzer Rochen und Demiurg einer minderwertigen Welt mit zwei biographischen Erlebnissen während der Stationierung in Norwegen in Verbindung zu bringen. Daran anschließend werde ich zeigen, warum die Welt des Leuchtturmwärters innerhalb des Turmes für den Diaristen prinzipiell unerreichbar bleibt. Das Titelwort ›Pharos‹ muß vor diesem Hintergrund vor allem mit dem »erloschene[n] Leuchtturm« (612 f.) der Insel assoziiert werden. Nicht nur angesichts der Welt im Inneren des Turmes zeigt sich die Unmöglichkeit, bestimmte Eindrücke aus sicherer Distanz zu begutachten; der absoluten Präsenz des Erlebens wird gegenüber einer nachträglichen Rationalisierung schon zu Beginn des Textes Priorität eingeräumt, so daß sich das sehr affektgesteuerte und unmittelbare Diarium des *Pharos* deutlich von den übrigen *Juvenilia*-Texten unterscheidet (wenn nicht sogar von allen übrigen Texten Schmidts). Der letzte Abschnitt des 2. Teils wird zeigen, inwiefern der *Pharos* als Endpunkt einer sich in den vorhergehenden Texten andeutenden Entwicklung interpretiert werden kann, der durch Radikalisierung der Konfiguration vormals tragfähige Utopien bloßstellt, ohne dabei positive Gegenmodelle anzubieten. Unter der Beschreibung der menschlichen Welt als Schöpfung eines bösen Gottes gibt es keine Möglichkeit eines Entkommens in eine andere Welt für die Person, die zugleich Teil wie Verbündeter des Leviathan ist: den Menschen. Mit der Figur des Diaristen wird ein Nachfolger der juvenilen Helden einer Welt gegenübergestellt, die vormals Fluchtpunkt der in den *Juvenilia* verfolgten Methodik des Entkommens war und seine Unfähigkeit demonstriert, in diese Welt überzutreten. Im *Pharos* wird so diese spezifische Methode endgültig negiert.

Der Epilog dieser Arbeit zeigt, wie dieser negative Befund im ersten veröffentlichten Erzählband, insbesondere in der Titelerzählung *Leviathan*, wieder aufgenommen und durch die dort formulierte Kosmologie begründet wird. Darüber hinaus wird in allen drei Texten des *Leviathan*-Bandes eine neuartige Methode des Entkommens verfolgt, die nicht mehr in einer Fluchtbewegung, sondern in einem Transformationsprozeß der Figuren, durch den sie ihre menschliche Existenzform ablegen, aufgeht.

Im Rahmen dieser Arbeit konnte die Bedeutung der Methodik des Ent-
kommens im Werk Arno Schmidts nach 1945 nur angedeutet werden.
Ich sehe jedoch in der Methodik des Entkommens einen werkdurch-
dringenden Impuls, der sich bis in die *Julia* verfolgen läßt. Während im
*Leviathan*-Band in allen drei Texten ein gelingendes Entkommen an den
Tod des Protagonisten gebunden wird, spielt im Werk vor *Kaff auch
Mare Crisium* der Wunsch nach dem Aufgehen in der Natur eine immer
größere Rolle. Auch hier beinhaltet die Methode des Entkommens das
Ablegen der menschlichen Existenzform. *Kaff* selbst stellt vor diesem
Hintergrund eine weitere, folgenreiche Schnittstelle dar: Neben der
liebenden Frau und dem Mond, der stets ein elysischer Bezugspunkt
am Himmel war, wird auch die Natur einer niederwalzenden Desillu-
sionierung preisgegeben und damit die zuvor verfolgten Methoden des
Entkommens oder des sich Einrichtens in der bundesdeutschen Wirklichkeit negiert. Gleichzeitig wird die Generierung von Wirklichkeit
zum strukturierenden Prinzip des Textes. Im Spätwerk treten an die
Stelle der *Beschreibung* von Entkommensmethoden zunehmend Phänomene von Übergang, Entgrenzung und Vervielfältigung von Wirklichkeit auf der Sprach- und Textebene.[20] Auch diese Phänomene lassen sich möglicherweise als Bestandteile einer Methodik des Entkommens begreifen.

20 Vgl. dazu Bettina Clausen: *Existenz textintern.*

Prolog

# Die ›Methodik des Entkommens‹

»›Buddha. Lehrt eine Methodik des Entkommens. Schopenhauer: Verneinung des
Willens. Beide behaupten also die Möglichkeit, den Individualwillen gegen den
ungeheuren Gesamtwillen des Leviathan zu setzen, was aber in Anbetracht der
Größendifferenzen zur Zeit völlig unmöglich erscheint, zumindest auf der ‹Men-
schenstufe› der geistigen Wesen. [...] – Vielleicht sind noch andere Wege –‹.«
(Arno Schmidt: *Leviathan*)

Die ›Methodik des Entkommens‹[21] ist streng genommen zunächst
nichts anderes als ein Strohhalm, den der Ich-Erzähler des *Leviathan* einem sterbenden alten Mann hinhält: Die Aussicht, daß es zumindest
die Möglichkeit eines Entkommens aus den auf Zerstörung ausgelegten
Weltprinzipien gibt, erleichtert dem Postbeamten am Ende der Erzählung ganz offensichtlich das Sterben.

Es wird also zu zeigen sein, auf welche Weise die in dieser Passage
gegebene Erklärung mit der Vorstellungswelt der *Juvenilia* in Zusammenhang zu bringen ist. Dafür greife ich auf die Bedeutung der Phantasie zurück, wie sie in den Kindheitserzählungen *Der Rebell* und *Das
Kraulemännchen* programmatisch für das *Juvenilia*-Konvolut dargestellt
wird. Aus dem Stellenwert des Phantastischen ergibt sich eine spezifische Vorstellung von ›Wirklichkeit‹, die ich in die im *Leviathan* darge-
legte Metaphysik einzufügen versuchen werde. Diese metaphysische
Vorstellung wird von Schmidt über das Schlagwort ›Leviathan‹ bis ins
Spätwerk aufgerufen.[22]

21 Auch Ulrich Baron versucht die *Methodik des Entkommens* als Zentralmotiv des
Schmidtschen Œuvres (zumindest bis einschließlich *Kaff*) herauszuarbeiten. Baron
löst aber die Methodik des Entkommens aus dem kosmologischen Kontext des
*Leviathan* heraus und reserviert den Begriff für das »lebensferne Sammeln von Daten
und Fakten«, daß dem Protagonisten »zum Ausweg aus der Geschichte« werde
(*Über die Grenzen,* S. 61). Ich verwende dagegen allgemein ›Methodik des Entkommens‹ für das Motiv eines versuchten Übergangs aus einer Wirklichkeit in eine
andere, ersehnte Wirklichkeit. Mit ›*Methode* des Entkommens‹ bezeichne ich eine
spezielle Art eines solchen Versuchs. Meine These ist, daß dieses Motiv des Entkommens das gesamte Werk durchzieht, während sich die spezifischen Methoden im
Verlauf ändern.
22 So in *Zettel's Traum,* ZT 805 mo: »zu Deiner frühest=leviathanischn Ansicht, Dän,
›daß diese Welt weniger Durch ein schaffendeS, als vielmehr durch ein zerstörendis
Prinzip entstandn sein könne‹ ...«.

In beiden Kindheitserzählungen wird eindringlich das Vermögen des erzählten Kindes beschrieben, die Spuren eines beseelten Kosmos hinter der ›Realität‹ wahrzunehmen. Deutlich werden die Elemente Feuer, Wasser, Erde und Luft als personifizierte Bewohner einer autonom existierenden Welt herbeibeschworen: »Dann kam ein kurzer kalter Windstoß, der die schleifenden Blätter drehte, und man wußte, daß er ein Wesen für sich war, deren viele diesen großen, rauschenden Vorort bewohnen mußten« (373). Diese Welt bleibt den Erwachsenen unzugänglich. Allzu groß scheint das Mißverhältnis zwischen der aufleuchtenden Schönheit dieser Welt und der Unfähigkeit der Erwachsenen, sie zu sehen und zu hören, als daß das Kind ihrem Weltumgang und ihren Bezeichnungen trauen könnte.

> [E]r hatte wohl gemerkt, daß man manche Dinge richtig und manche falsch rief. »Eisblumen« war falsch; sicher hatte auch jede davon ihren eigenen Namen, aber recht wohl war ihm bei dieser Vermutung nicht, denn er erinnerte sich mit Schrecken daran, daß ja auch die Blumen, Gräser, selbst die hohen Bäume des Sommers, angeblich keine eigenen Namen hätten. [...] Er wollte ihnen keine »geben«; er wollte nur ihre Richtigen hören! (364f.)

Parallel zur Wahrnehmung dieser Welt, die nicht erschaffen wird, sondern besteht, können den Erwachsenen wertlos erscheinende Gegenstände Ausgangspunkt erträumter Szenarien werden. Im *Rebell* ist es eine rostige, vor ein Bauklötzchen gelegte Türklinke, aus welcher der Junge eine ganze Stadt imaginiert; »er ging mit den Augen in seiner Stadt spazieren, und entdeckte bald die Post und ein freundliches Gasthaus, zu dem sicher zwei Stufen hinaufführten« (367f.). Ein kleines Stückchen Pelz wird nacheinander Schauplatz der Steppendurchquerung einer Reitergruppe (376f.) und einer phantastischen Reise des Jungen in unbekannte Gefilde, »immer weiter und weiter, bis kein Menschenauge ihn mehr erreichte. – « (379). Ist das Kind im ersten Szenario noch Beobachter der von ihm erschaffenen Welt, im zweiten Erzähler einer Geschichte, kommt es im dritten offensichtlich zu einer Deckung von Phantasieren und Erleben.

Beide Erfahrungen von Wirklichkeitserweiterung stehen in den Kindheitserzählungen nebeneinander, können aber an die Sehnsucht nach Unendlichkeit zurückgebunden werden. Die Erwachsenen

> hatten Grenzen in sich und um sich gezogen; sie maßen und wogen. – Aber das Maßlose? Das nicht zu Wiegende?
>
> (Da er keine Grenzen in sich fand, haßte er alles, was Grenze und Grenzpfahl war, und wer sie errichtet hatte; die Kugel mehr als die Fläche. Obwohl er in späteren Jahren ein eifriger Rechner wurde, war es doch bezeichnend, daß er nur die geheimnisvollen unendlichen Zahlen – Logarithmen – liebte, und im tiefsten Herzen stets der Erdscheibe der Griechen zugetan blieb.) (363)

Im Munde des erwachsenen Philostratos klingt die gleiche Überzeugung so:

> Das Kennzeichen des Geistes ist, daß er die Unendlichkeit will; nun sei die Scheibe unendlicher als die Kugel, also müsse die Erde eine Scheibe sein. [...] Dies Wichtigste aber verschwieg ich: wo soll man denn hinfliehen, wenn die Erde eine Kugel ist?[23]

Besonders in diesem späteren Text wird deutlich, wie existentiell die Annahme einer Weltvorstellung ist, die Raum für die Möglichkeit zu entkommen läßt. In den Kindheitserzählungen übernimmt die (Annahme der) Welt der »Windleute« und anderer Wesen die Funktion, etwas außerhalb des Kindes Stehendes zu repräsentieren, das dem Reichtum der eigenen Phantasie entspricht.

Der Blick des Kindes hinter die Kulisse der Welt bleibt aber letztlich schmerzhafte Erfahrung von Zurückweisungen. Die Sterne sind »teilnahmsloser als Stein« (362f.), der Wind so kalt, daß man nicht weiß, »ob man Tod oder Leben trank« (365), und vom Anblick der Schneeflocken wird der Junge »wirblig und sehnsüchtig [...] und sinnlos erregt vor hoffnungsloser Liebe zu den zierlichen Fremdchen« (367). Um die Asymmetrie der Beziehung zwischen Mensch und Elementargeist weiß schon das Kind:

---

23 *Enthymesis.* In: BA I/1, S. 15.

Wind ging mit Geschrei um das Haus, und im Herd sangen unbekannte hohe und tiefe Stimmen, die sich gelassen und schwermütig aus den Tiefen der Nacht unverständliche Zeichen gaben. Es war von einer erkältenden Einsamkeit, die völlige Fremdheit dieser höflichen und undeutbaren Rufe zu hören, und zu wissen, daß nicht einmal Ablehnung oder Verschlossenheit darin mitschwang, sondern daß man dem feierlich hallenden Schrei dieser Wesen gleichgültig und ganz unbekannt war. (377)

Was bleibt, ist die Schönheit ihrer Welt und das Versprechen auf etwas jenseits der Grenzen der fühllosen Erwachsenen.

*Fluchtpunkt Transzendenz*

Schon in der Antike-Erzählung *Enthymesis* wird deutlich gemacht, wie eng die Methodik des Entkommens an eine Vorstellung von Grenzenlosigkeit geknüpft werden muß, auch wenn die dort gegebene Erklärung schwerlich überzeugen mag: Daß die Erde eine Scheibe sei, gilt kaum mehr als Beweis für die Unendlichkeit. An die Stelle dieser Erklärung tritt im Werk immer wieder die Feststellung, »daß Raum und Zeit eben wesentlich komplizierter gebaut sind, als unsere vereinfachenden (biologisch ausreichenden) Sinne und Hirne begreifen«.[24] Im *Leviathan* gibt es das bedeutsame Aufgeben einer Unendlichkeitsvorstellung zugunsten der Annahme von *Unbegrenztheit.*

> Der alte Postbeamte trat höflich zu mir: »Auch ein Sternenfreund, Herr Unteroffizier?« Er zeigte mit dem Kopf nach hinten ins Gebränd: »Wie gut, daß es noch eine Unendlichkeit gibt – –.« [...] Ich drehte mich langsam (ho, eindrucksvoll!); ich sagte zerstreut: »Sie irren sich; nicht einmal die Unendlichkeit gibt es. – Glücklicher Homer –.« Er krauste erstaunt und höhnisch die nackte Stirn im Nachtlicht: »Kant. Schopenhauer«, gab er heiter die weitere Richtung an, »wie stellen Sie sich das vor: die Stelle, wo der Raum ein Ende hat?« Auch der Pfarrer ließ sich von dem gestirnten Himmel über sich ergreifen: »Gott«, gab er an, »ist unendlich –.«[25]

24 *Seelandschaft mit Pocahontas.* In: BA I/1, S. 394.
25 *Leviathan.* In: BA I/1, S. 39.

Im folgenden wird die Unbegrenztheit anhand der ›Dimensionstheorie‹ erstritten: der Diarist gibt zunächst ein Beispiel, in dem ein zweidimensionaler Raum vorgestellt wird, der durch Einwirkung aus dem darüberliegenden dreidimensionalen Raum so verändert wird, daß die »denkenden Dreiecke« die Beschränktheit ihrer Perspektive erkennen. Nun kann auch ein über dem Dreidimensionalen liegender vierdimensionaler (und n-dimensionaler) Raum vorgestellt werden, der die Beschränktheit unserer Raumvorstellung zeigt und zur Aufgabe einer Unendlichkeitsvorstellung zwingt.

Das Ergebnis ist: unser Gehirn entwirft vereinfachend (biologisch ausreichend!) einen 3-dimensionalen, euklidischen, verschwommen-unendlichen Raum, eben ein Stückchen ⟨Tangentialebene⟩; in Wahrheit aber ist dieser in sich zurück und in einen 4-dimensionalen hineingekrümmt (denken Sie an die Kugeloberfläche im 2-dimensionalen Beispiel); also mit endlichem, in Zahlen ausdrückbarem Durchmesser. Unbegrenzt aber nicht unendlich.[26]

Es ist hier für mich nicht von Interesse, ob diese Auffassung konsistent und als Erklärung korrekt ist.[27] Bedeutsam scheint mir einerseits, daß der Versuch unternommen wird, eine physikalistisch anmutende Theorie aufzustellen, die eine »Präsenz und Existenz des Transzendenten«[28] in unserer dreidimensionalen Welt erklärt – »Möglichkeit ⟨übermenschlicher⟩ Existenzen: Zauberer, Elementargeister – oh, Hoffmann – wieder die 80 Kugelsternhaufen«.[29] Die Dimensionstheorie wird in der Folge religiös aufgeladen: Jede Dimension ist Produkt von einer

26 ebd., S. 40 f.
27 Dirk Schultze und Dirk Vanderbeke versuchen zu zeigen, daß sich Schmidt mit den im *Leviathan* verwendeten physikalischen Modellen »durchaus auf der Höhe seiner Zeit« befinde (*Wer Augen hat zu sehen*, S. 70). Die Annahme, daß mit ihnen »eine utopische Möglichkeit des ›Entkommens‹ jenseits der angesprochenen religiösen oder rein philosophischen Denksysteme« erreicht werden soll (ebd., S. 69), halte ich jedoch für falsch. Die theoretischen Modelle werden gerade in ein *vorgängiges*, deutlich religiös aufgeladenes, Weltmodell eingefügt; der Leviathan kann in diesem Kontext nicht als im wissenschaftlichen Diskurs übliche – da unvermeidliche – Metaphorisierung (ebd., S. 71) verstanden werden.
28 Torsten Schmandt: *Das Phantastische in Arno Schmidts Frühwerk*, S. 46. Zur folgenden Rekonstruktion der Dimensionstheorie bei Schmidt vgl. diesen sehr hilfreichen Artikel.
29 *Leviathan*. In: BA I/1, S. 48.

Abfolge von Emanationen eines angenommenen höchsten Prinzips (›reiner Geist‹). Je weiter eine Dimension von diesem Ursprung entfernt liegt, desto weniger Anteile des höchsten Prinzips trägt sie noch in sich. Die Emanationsstufe der körperlichen Welt ist so weit vom Ursprung entfernt, daß sie fast vollständig von der Geistlosigkeit beherrscht wird; die Welt ist in die Fänge des bösen Gottes ›Leviathan‹ geraten.

> Um das Wesen des besagten Dämons zu beurteilen, müssen wir uns außer uns und in uns umsehen. Wir selbst sind ja ein Teil von ihm: was muß also Er erst für ein Satan sein?! […] Diese Welt ist etwas, das besser nicht wäre; wer anders sagt, der lügt! Denken Sie an die Weltmechanismen: Fressen und Geilheit. Wuchern und Ersticken. […]
> Nichts berechtigt uns nebenbei, anzunehmen, daß unser Leviathan einzig in seiner Art sei. Es mag viele Wesen seiner Größenordnung und unter ihnen auch gute, weiße, englische, geben. Wir sind allerdings leider an einen Teufel geraten.[30]

Die Passage fängt das verwirrende Changieren zwischen Pandiabolismus und der deutlich durch die Gnosis beeinflußten Vorstellung eines außerhalb unser stehenden bösen Gottes auf. Auch hier fällt wieder die Betonung anderer und besserer Welten auf. Die Konzeption des Leviathan führt zu dem zweiten mir bedeutsam erscheinenden Punkt: der Zurückweisung einer Unendlichkeitsvorstellung im *Leviathan*. Ich denke, wenn man die vorigen Schritte wohlmeinend mitmacht, ist die Erklärung einfach. »Gott ist unendlich«, sagt der Pfarrer. Wenn es aber keine Unendlichkeit gibt, endet auch Gott / der Leviathan irgendwann: »[E]r fragte schrill: ›Wie? Auch der Leviathan stirbt?! –‹«[31] Eine Möglichkeit, den Tod des Leviathan herbeizuführen, wird in *Schwarze Spiegel* geschildert: Nach dem atomaren Super-GAU geht der vermeintlich letzte Mensch durch die zerstörte Welt – »am Ende werde ich allein mit dem Leviathan sein (oder gar er selbst)«.[32] Stirbt dieser letzte Mensch, endet damit auch die Existenz des Leviathan.

30 ebd., S. 48.
31 ebd., S. 52.
32 *Schwarze Spiegel*. In: BA I/1, S. 203.

*Eine* weitere Möglichkeit besteht darin, daß Wesen aus einer höhergestellten Welt hilfreich in die Geschicke des Menschen eingreifen; die »Märchenserie« der *Juvenilia* kann so gelesen werden.[33]

»Vielleicht sind noch andere Wege – «.[34]

33 Schmandt schlägt, um der unangenehmen Alternative auszuweichen, entweder das durch die Texte vermittelte Realismuspostulat nicht ernst zu nehmen oder zu folgern, Schmidt habe an Elementargeister geglaubt, einen eleganten, abstrahierenden Interpretationsschritt vor: »Der Text behauptet also nicht die Existenz von Elementargeistern, wohl aber die Möglichkeit einer ›geistigen‹, die empirische Welt übersteigenden Sphäre, die kraft des Verweisungscharakters des Zeichens, als das die Elementargeister verstanden werden können, aufgezeigt wird.« (*Das Phantastische in Arno Schmidts Frühwerk,* S. 45). Der Widerspruch zwischen ›Realismus‹ und ›Phantastischem‹, den Schmandt hier ausmerzen möchte, *entsteht* freilich erst durch die Annahme einer klaren und einfachen Vorstellung von ›Realität‹, die in den Texten Schmidts zum Ausdruck komme. Der Versuch, die Verwendung von zeitgenössischem Material im Werk Arno Schmidts und die Präsenz anderer Wirklichkeiten als vereinbar zu beschreiben, geht aber aus meiner Sicht in die richtige Richtung.
34 *Leviathan.* In: BA I/I, S. 54. Die ›positive‹ Variante »– Vielleicht sind noch andere Wege – «, sowie der in der Passage erwähnte »Aufstand der Guten« ist in der Manuskript-Fassung nicht enthalten. Vgl. die Faksimile-Ausgabe des *Leviathan,* S. 62 f.

1. Teil

# Juvenilia

*Der Fliegende Robert*
Eskapismus, ruft ihr mir zu, / vorwurfsvoll. / Was denn sonst, antworte ich, /
bei diesem Sauwetter! –, / spanne den Regenschirm auf / und erhebe mich in die
Lüfte. / Von euch aus gesehen, / werde ich immer kleiner und kleiner, /
bis ich verschwunden bin. / Ich hinterlasse nichts weiter / als eine Legende, /
mit der ihr Neidhammel, / wenn es draußen stürmt, / euren Kindern in den
Ohren liegt, / damit sie euch nicht davonfliegen.
(Hans Magnus Enzensberger)


Im ganzen ‹Struwwelpeter› ergriff mich am meisten, und mit fast magischer Gewalt,
die letzte Bilderreihe: vom ‹Fliegenden Robert›. Regen und treibender Wind jagten
mich jedesmal mit über jenes flache Land. Bald stieß der Hut am Himmel an: der
war also auch *zu*!
(Arno Schmidt: *Das steinerne Herz*)


## 1.1 Die Insel

Der älteste Text des *Juvenilia*-Konvoluts ist das Erzählfragment *Die
Insel*. Das erhaltene Inhaltsverzeichnis weist fünf betitelte Teile aus, von
denen jedoch nur der erste fertiggestellt wurde; schon der zweite bricht
nach dem 7. Unterkapitel ab. In »Das Schloß in Böhmen«, dem ersten
Teil, kommt ein junger Bibliothekar im Sommer 1837 in Friedland an,
wo er eine Anstellung auf dem Schloß des Grafen Clam-Gallas erhalten hat. Während seiner Arbeit, die darin besteht, die ziemlich um-
fangreiche Bibliothek des Grafen zu ordnen und zu katalogisieren, wird
ihm nach einiger Zeit die Großnichte des Grafen, die zwanzigjährige
Lady Alice, vorgestellt, die »sich literarisch weiter zu bilden« (208)
wünscht. Beide verlieben sich in den gemeinsam verbrachten Stunden
in der Bibliothek ineinander, und aus der literarisch interessierten Grä-
fin wird schnell seine »sekretärin« (209). Eines Abends finden sie »einen
band von unschätzbarem wert«; das »Campi Elysii liber secundus« des
Olof Rudbeck (210). Auf der Rückseite der Abbildung einer Tertiärlandschaft befindet sich, offenbar von Rudbecks eigener Hand, ein
Kryptogramm, das nach seiner Enträtselung den Eingang zu einem
»land im innern der erde« (213) preisgibt. Das Paar beschließt, dem Hinweis nachzugehen (von dessen Glaubwürdigkeit sie überzeugt sind)
und nach Schweden zu reisen. »Unsere Reise nach Frederikshald« er-

zählt von ihrer »flucht« (201) über Görlitz, Dresden, Berlin, Stettin und Malmö; dieser zweite Teil bricht ab, als sie in Sichtweite der im Kryptogramm beschriebenen Hügelkette sind.

Dem Erzählfragment ist eine mit »Lauban, 1937, Arno Schmidt« gezeichnete Einleitung vorangestellt, in welcher der Erzähler in einem Antiquariat in einer E.-T.-A.-Hoffmann-Ausgabe, in dem Band, »der den ›goldenen Topf‹ enthalten musste« (188), ein etwa 800 Seiten starkes Manuskript findet – eben jene Erzählung des Bibliothekars.

### 1.1.1 Die Macht der Bücher

Um das Verhältnis dieser Einleitung zu der von ihr abhängigen Erzählung bestimmen zu können, mag ein Blick in die Vorrede eines anderen Textes hilfreich sein: In der Vorrede von Schnabels *Insel Felsenburg* beschreibt der unterzeichnende ›Gisander‹, wie der nachstehende Text in seine Hände geraten und es zu seiner »Edirung«[35] durch ihn gekommen ist. Auch wenn er angibt, sich »der Richtigkeit dieser Geschichte, vermittelst vieler Beweißthümer, vollkommen versichert« zu haben und die Papiere in »möglichste Ordnung«[36] gebracht zu haben, erfüllt die Vorrede wohl die Funktion, etwaige Kritiken von seiner Person, dem Nur-Herausgeber, abzulenken. Eine Distanz zu dem nachstehenden ›Bericht‹ wird aufgebaut, wenn Gisander angibt, bei seiner Lektüre »eine ziemliche Belustigung«[37] empfunden zu haben.

Wie in Schnabels *Die Insel Felsenburg* gibt sich der Erzähler der Einleitung (›Arno Schmidt‹) in *Die Insel* als Herausgeber eines Textes zu erkennen, der unabhängig von ihm entstanden ist und in den er in keiner Weise eingegriffen hat, wie er ausdrücklich hervorhebt.[38] Während sich ›Gisander‹ einer solchen Stellungnahme entzieht,[39] betont hier der Erzähler, daß es sich bei der nachstehenden Erzählung »um einen einfachen wahrheitsgetreuen Bericht handelt« (190), den er nur »bis ins

---

35 Johann Gottfried Schnabel: *Wunderliche Fata einiger Seefahrer*, S. 15.
36 ebd., S. 15.
37 ebd., S. 15.
38 S. 191: »Ich werde [...] auch die seltsame Schrift beibehalten und die zuweilen leicht fehlerhafte Interpunktion.«
39 Schnabel: *Wunderliche Fata einiger Seefahrer*, S. 12 f.: »jedoch soll mich auch durchaus niemand dahin zwingen, einen Eyd über die pur lautere Wahrheit derselben abzulegen.«

Kleinste genau kopier[t]« (191) habe. Die Vorstellung einer Herausge-
berschaft des Textes durch ›Arno Schmidt‹ wird aber in der Einleitung
selbst wieder gebrochen. Zum einen kann die Erzählerfigur ›Arno
Schmidt‹, die in dem Antiquariat das Manuskript in der Hoffmann-
Ausgabe entdeckt, keineswegs mit dem Autor Arno Schmidt identisch
sein, wie die Unterschrift offensichtlich suggerieren soll; es sei denn,
man hielte es für plausibel, daß dieser als Achtjähriger Stammkunde eines Antiquariats gewesen sei.⁴⁰ Zum anderen steht der Vorstellung einer philologisch strengen, reinen Wiedergabe des Textes entgegen, daß
der Kopist, der angibt, das Manuskript »fast auswendig [zu kennen]« (189),
aus ihm nur einmal, dort aber falsch, zitiert: »Nur dem Sehnsüchtigen
vernehmbar ...« (191) heißt es in der Einleitung, die sich offenbar auf den
zweimal im Manuskript verwendeten Ausdruck »nur dem sehnsüchtigen *hörbar*« (195 und 209; Hervorhebung MB) bezieht. Das muß nun nicht un-
bedingt als Lapsus gelten, da sich der Erzähler ›Arno Schmidt‹ mit dem
Bibliothekar »fast brüderlich vertraut [fühlt], obwohl mich ein Jahrhundert von ihm und seinen krausen, vergilbten Schriftzügen trennt« (187)
und nach der ›Auflage‹ des Antiquariats-Bibliothekars (»erwecken Sie
die Toten!« (189)) das Manuskript nicht seinem Wortlaut, sondern seinem poetischen, wundersamen Gehalt gemäß kopieren kann; so wie er
es richtiger- und zuverlässigerweise vernimmt und hört.⁴¹ Ein nüch-
tern-akademischer Anspruch an die Exaktheit scheint also nicht angemessen. Anders als bei Schnabel wird die Herausgeberfiktion dazu ge-
nutzt, den Wahrheitsanspruch des nachstehenden Textes zu unterstrei-
chen; eine Distanz zwischen den beiden Erzählern (in den Erzählungen
1. und 2. Stufe) besteht, trotz der Trennung durch ein Jahrhundert,
nicht. Die Verbundenheit zum Bibliothekar der intradiegetischen Erzählung läuft nach Auskunft ›Arno Schmidts‹ über ein dem Manuskript
anhaftendes Schicksal, das nicht nur die Erzählung selbst, sondern auch
den Weg, wie er in dessen Besitz gelangte, »phantastisch und wunderlich« (187) gestaltet. Der Manuskriptfund der Einleitung ist in der Tat

---

40 »[D]er Besuch, den ich in der grossen Antiquariatsbuchhandlung unserer Nachbar-
stadt wie immer um Weihnachten machte«, (S. 187) findet laut Text 15 Jahre vor
Niederschrift der Einleitung statt (vgl. S. 189), also 1922.
41 Ich folge in dieser Arbeit dem erzähltheoretischen Instrumentarium von Matias
Martinez und Michael Scheffel, die ›extradiegetische Erzählung‹ als »Erzählung
erster Stufe, die zur *Rahmenerzählung* wird, sobald sie eine Erzählung zweiter Stufe
(*intradiegetische Erzählung*) enthält«, definieren (*Einführung in die Erzähltheorie*, S. 188).

wunderlich: Es mutet wie ein Zaubertrick an, wenn ein 800 Seiten starkes Manuskript in dem im Verhältnis dazu recht schmalen Text *Der gol-
dene Topf* verborgen wird, ohne daß das Buch augenfällig dicker wird –
als würde sich der Text erst im Moment des Aufschlagens den benötig-
ten Raum nehmen und sich zugeschlagen wieder in »ein kleines grünes
Buch« (189) verwandeln.[42]

Die oben benannte Auffassung von ›genau vernommener‹ Wiedergabe
eines Textes durch den Herausgeber ›Arno Schmidt‹ ist verbunden mit
dem Ideal der Amalgamierung von poetischer und wissenschaftlicher
Beschreibung. Vom Inhalt des Manuskriptes sagt der Erzähler der Einleitung nur soviel, »dass ich nicht entscheiden kann, ob es sich um die
geniale Hypothese eines Naturforschers oder den Traum eines Dichters
handelt« (190). Dieser Befund ist nun textimmanent nicht auf das man-
gelnde Urteilsvermögen des Erzählers zurückzuführen, sondern als ge-
lungen wird ein Text vorgestellt, bei dem der Unterschied zwischen
(natur)wissenschaftlichen Erkenntnissen und poetischer Vorstellungs-
kraft verschwimmt.[43]

Die Doppelung des Manuskriptfund-Motivs in der extra- und der
intradiegetischen Erzählung betont sicherlich den Status des Buches als
Vermittlungsinstanz, da in beiden Fällen nicht nur über das jeweilige
Buch eine Diegese mit der nächsten verknüpft wird, sondern auch –
wie in der Einleitung ausdrücklich betont – über hundert Jahre hinweg
verschiedene Menschenleben. Während ›Arno Schmidt‹ von »immer
dichterem und ungangbarerem Geröll« (190) behindert wird, ist wohl
zweifelsfrei anzunehmen, daß im Falle der intradiegetischen Erzählung
und der wiederum von ihr abhängigen Diegese (dem Text des Erzählers
Rudbeck (213)) das Betreten der im gefundenen Manuskript beschrie-

---

42 Daß hier der Erzähler das betreffende Buch zur Hand nimmt, ist nicht nur erzähllogisch die einzig sinnvolle Möglichkeit, sondern zudem über das Farbprädikat
›grün‹ abgesichert, da die entsprechende Hoffmann-Ausgabe grün eingebunden ist
(S. 188).
43 In den *Dichtergespräche im Elysium* wird die Amalgamierung von Wissenschaft und
Dichtung wieder aufgenommen. Im 11. Gespräch wird der Verdienst der Alchimie
um diese höchste Aufgabe hervorgehoben: »Siehst du denn nicht ein, daß hier in der
Alchimie endlich einmal das Größte getan, daß hier die Synthesis von Dichtung und
Wissenschaft vollzogen war: Das ist die Aufgabe!!! –« (S. 295) Auch der Leuchtturmwärter des *Pharos* »behandelt also Laßwitz so, wie unsere Philologen den Homer
›bearbeitet‹ haben« (S. 628).

benen Realwelt gelingt. Die Bücher sind somit nicht nur wesentlicher Bestandteil der jeweiligen Realität des Erzählers (des passionierten Antiquariatsbesuchers und des Bibliothekars); sie eröffnen auch *buchstäblich* den Zugang zu (anderen) Realitäten.

Schon auf der ersten Seite der intradiegetischen Erzählung wird der essentielle Wert von Büchern thematisiert: Die häufig wechselnden Anstellungen des Bibliothekars hatten es mit sich gebracht, daß seine »Habseligkeiten allmählich auf das allernotwendigste reduziert worden« (192) waren; was vor allem zu diesem ›allernotwendigsten‹ gehört, darüber gibt gleich der nächste Absatz Aufschluß: die »mit äusserster Sorgfalt gewählte Bibliothek« (ebd.). Die Liebe zu Büchern wird in der Einleitung zu *Die Insel* durch ›Arno Schmidt‹ quasi definiert:

> [D]er ewige Zauber der Bücher, jene fast krankhafte, unwiderstehliche Sucht, die jeder Bibliophile kennt; die Lust, alle diese zahllosen Werke zu sehen, zu riechen – ja, zu riechen, geniesserisch die Einbände in der Handfläche zu fühlen und mit den Fingerspitzen der Blindpressung des Rückens nachzugehen, griechisch zu lesen und Latein, bedächtig das alte, gelbfleckige Papier zu wenden, und vom erlesenen seltenen Text zu kosten, hier und dort, bis man berauscht ist, wie ein weiser Trinker. Edelster Rausch, mit ehrfürchtig feinen Händen ein Buch halten, und beim Umherschauen zu sehen, wie die Bände in den nahen Regalen noch einzeln und deutlich um dich herumstehen, bis sie sich in den alten Gewölben oben verlieren wie ein Gewölk von Braun und Gold und du nur noch sie in ihrer Gesamtheit fühlst wie sternenhelle leidenschaftliche Musik (187).

Diese Beschreibung ist deswegen erstaunlich, weil sie beinahe ausschließlich auf die sinnlich erfahrenen Buch-Körper referiert und nicht von den Texten, nicht von der Beschaffenheit des Inhalts spricht.[44] Die

---

44 Es macht den Anschein, als habe Schmidt diese Stelle später in *Zettel's Traum*, ZT 631 selbst persifliert: »HasDu=Dir noch nie klar=gemacht) : ›daß Du Bücher, auch rein=äußerlich, wie ›Menschen‹ behandelsD? – ganz=brutal gesagt : *wie Frauen, – : ? –* ‹ (Er zauderte. Dann hob Er an): ›Achsô. – Man spricht schließlich von den ›Schätzen‹ einer Bibliothek : ›Dies Buch iss ja ein wahrer Schatz!‹. – Und Mann ›be=sitzt‹ Exemplare in ›Liebhaber‹=Einband? : der ergo damit zum Kleidungs=Äquivalent würde? : in verschossenen Röckchen, aber mit ›Gold‹=Schnitt. –‹; (Er wurde ›wärmer‹, Er gestand schneller) : ›'ch hab das, heimlich, immer so gerne : wenn bei

intensive Beschreibung der Buch-Körper, die Tatsache, daß sie auch sinnlich erfahrbar sind, daß sie manifest sind und einen Ort in der Welt haben, ist der Garant dessen, daß sie ihrerseits Orte eröffnen, daß durch sie der Übergang von einer Realität in eine andere (und von einer Diegese in die nächste) möglich ist.

### 1.1.2 Orte und Zeiten

Die verschiedenen Wirklichkeitsbereiche der Erzählung – des Antiquariats, des Schlosses in Ungarn, der Tertiärlandschaft – sind also jeweils durch ein Buch miteinander verbunden. Der Übergang von der Wirklichkeit der Schloßgesellschaft in die im Rudbeck-Manuskript beschriebene Tertiärlandschaft, wird als »flucht« (201) bezeichnet. Im Unterschied zu den Erzählungen des *Leviathan*-Bandes[45] sind in *Die Insel* Flucht und Entkommen noch miteinander identisch: Das Entkommen ist die Flucht in einen begehbaren Ort, der eine spezifische Räumlichkeit und Zeitwahrnehmung aufweist. Ein Vergleich mit anderen Texten, auf die in *Die Insel* mehr oder weniger deutlich Bezug genommen wird, ist für die Beschreibung der räumlichen und zeitlichen Struktur dieses ersten Fluchtpunktes im Werk Arno Schmidts hilfreich. Gemeinsam ist allen Bezugtexten – *Reise zum Mittelpunkt der Erde, Robinson Crusoe, Insel Felsenburg* – ein Ort, der sich fernab aller Zivilisation befindet.

Recht deutlich ist der Einfluß von Jules Vernes *Reise zum Mittelpunkt der Erde* auf *Die Insel:* Die Dechiffrierung des Rudbeck-Kryptogramms durch den Bibliothekar und Alice verläuft bis ins Detail nach dem Muster der Dechiffrierung des Saknussemm-Pergaments in Vernes Text.[46]

---

ungebrauchtn Büchern, ob ältern oder neuern, – (bei ›Ältern‹ iss es besonders rührend!) – die Seiten noch am Schnitt, so zusamm'hängn – und Ich zieh sie als Erster aus'nander : ! – und lausche, halbgeschlossnen Auges, dem schönen, leis=zischndn Geräusche ... : ?‹. /«. Vgl. dazu auch: Bettina Clausen: *Der Koitus im Werk*, S.55.

45 Vgl. dazu den Epilog dieser Arbeit.

46 Als Beispiel dafür, wie eng sich Schmidt an dieser Stelle an das Vorbild hält, vergleiche man die Bestimmung der Sprache, in der die Schrift verfaßt ist: »›Zunächst einmal‹, sagte mein Onkel, ›muß man die Sprache dieser ›Chiffre‹ herausbekommen. Das kann nicht schwer sein. [...] Nichts ist leichter. In diesem Dokument sind hundertzweiunddreißig Buchstaben, davon neunundsiebzig Konsonanten und dreiundfünfzig Vokale, und das ist ungefähr das Verhältnis, wie man es

Schmidt selbst stellt in seiner großen Schelte der Übersetzung des Verne-Romans durch Wille/Klau die Verbindung zu *Die Insel* ausdrücklich her:

(ich geb 'ne anständige deutsche Übertragung immer gleich mit: ich verteidige schließlich eines meiner frühesten (unveröffentlichten) Romanfragmente, das ‹Schloß in Ungarn›!)[47]

Neben dieser Ähnlichkeit des Ortes jedoch – beide ›Paare‹, der Bibliothekar und Alice und Professor Lidenbrock und sein Neffe Axel, machen eine Reise in den hohen Norden (die einen von Böhmen nach Schweden, die anderen von Hamburg nach Island), um einen Ort zu entdecken, der tief unter der Erde eine Tertiärlandschaft konserviert hat – bestehen nur wenig Gemeinsamkeiten.[48] Die jeweilige Beschreibung der Reisevorbereitung deckt erste Abweichungen auf. Während sich Lidenbrock und Axel für eine Expedition ausrüsten, bei der man

bei Wörtern südlicher Sprachen findet, während die nördlichen unendlich viel reicher an Konsonanten sind. Es handelt sich also um eine Sprache des Südens. [...] Dieser Saknussemm [...] war ein gebildeter Mann. Und wenn er nicht in seiner Muttersprache schrieb, hat er bestimmt am liebsten in der Sprache geschrieben, die im 16. Jahrhundert die der Gebildeten war, ich meine Latein.‹« (Jules Verne: *Reise zum Mittelpunkt der Erde*, S. 23 f.)

Bei Schmidt liest sich die entsprechende Stelle so: »Da es nun vor allem darauf ankam, die sprache, in der diese niederschrift erfolgt war, zu bestimmen, beschloss ich, die vokale und konsonanten zählen zu lassen [sic! Prinzessin Alice wird als Sekretärin selbstverständlich eingeplant] um aus ihrem verhältnis annähernde schlüsse ziehen zu können. Unsere zählung ergab 789 konsonanten und 518 vokale. ›Dies‹, sagte ich, ›ist ungefähr das lautverhältnis der mittelmeersprachen, wie ich es vermutete. Und wenn wir olof rudbecks erziehung in anschlag bringen, kann es nur jenes idiom sein, dessen sich die gelehrten seiner zeit fast ausschliesslich bedienten: das lateinische! [...]‹« (S. 212).

47 Anhang zu *Das Leptothe=Herz*. In: BA III/4, S. 496. Zur Verwendung des Titels *Das Schloß in Ungarn* anstelle von *Die Insel* vgl. *Zettel's Traum*: »o͡=da wär der ›Garten des HErrn v. Rosenroth‹. ›Mein ONCEL Nicolaus‹. Das ›Schloß in Ungarn‹; (in dem die Schach=Variantn vorkomm'; die zur Eröffnunc ›b2=b4‹); ... (?) – : Ich hab soga n pâ=MS an=Mich bringn könn.« (ZT 11). Zwar findet sich in *Die Insel* eine detailliert dargestellte Schachpartie (S. 200), allerdings nicht mit der erwähnten Eröffnung.

48 Für Sudhoff hingegen besteht die Epigonalität des Textes vor allem darin, daß er »bis in Details hinein auf Jules Vernes *Reise zum Mittelpunkt der Erde* zurückzuführen ist«. Hierfür gibt er keine weiteren Belege an. (*»Denn ich bin ein großer Zauberer!«*, S. 68.)

sich auf möglichst alle Eventualitäten vorbereitet, tragen die Reisevorbereitungen des Bibliothekars deutlich die Züge einer Ausrüstung für ein autonomes Leben an dem erreichten Ort, »denn es galt ja sich nicht nur für kurze zeit, sondern für ein ganzes leben einzurichten« (225). Während im Verne-Text von vornherein klar ist, daß der Aufenthalt auf Island für Axel und Lidenbrock von begrenzter Dauer ist, daß sie ihn entdecken wollen, um dann schleunigst die Rückreise anzutreten und die Lorbeeren für die Entdeckung zu ernten, ist eine Rückkehr von Frederikshald nicht geplant.[49] In beiden Texten wird das Ziel der Reise sorgsam verborgen; das Motiv ist aber jeweils grundverschieden: Es geht im Falle der *Insel* nicht darum, einen Ort als *erster* zu entdecken und so die Autorschaft eines späteren Berichtes für sich in Anspruch nehmen zu können (wie in *Reise zum Mittelpunkt der Erde* ausdrücklich betont), sondern darum, ihn als *einziger und letzter* in Besitz zu nehmen. Zwar wird der Bibliothekar angesichts des geheimnisvollen Buches von einer »jagdleidenschaft« (213) erfaßt, aber seine Antriebsfeder ist sicherlich in sehr viel geringerem Maße als bei Lidenbrock (und selbst bei Axel) die Abenteuerlust.

> Die vorbereitungen – nun ja; das abenteuer begann also; aber es musste mehr als ein abenteuer sein, denn sie war ja mit mir, und es war meine grösste aufgabe ihr ein gesichertes leben zu schaffen. (215)

Während die Fahrt bis nach Island in *Reise zum Mittelpunkt der Erde* nicht zuletzt durch die Ungeduld Lidenbrocks und die Anspannung Axels recht dynamisch erzählt wirkt, gerät die Beschreibung der »flucht« in *Die Insel* ebenso einförmig wie das »geräusch des rollenden wagens« (228) – zu einer bloßen Serie von durchquerten Städten.

---

49 Logischerweise muß zumindest eine kurzfristige Rückkehr auf die Oberfläche der Erde auch in *Die Insel* stattgefunden haben; sonst hätte die Erzählung nicht im Antiquariat der extradiegetischen Erzählung auftauchen können. Es scheint mir aber unplausibel, einen absichtlichen (Forschungs-)Bericht ihrer Entdeckungen und ihres weiteren Lebens anzunehmen. Schon während ihrer Reise lassen Alice und der Bibliothekar ein Blatt Papier mit einem Gedicht fortfliegen: »Wir wollen es fortfliegen lassen; dass vielleicht ein einsamer wanderer im gebirge nachdenklich es in den händen hält oder irgendwo im südlande ein mädchen es findet – die letzte kunde von uns –.« (228).

Ein weiterer Roman, welcher der *Insel* wie eine Schablone unterlegt scheint, ist Daniel Defoes *Robinson Crusoe*. Anders als zu Vernes *Reise zum Mittelpunkt der Erde* weist der Schmidtsche Text direkt die Bezüge zu *Robinson Crusoe* (oder allgemeiner: zur Robinsonade) aus:

> Wie in jedem menschen lebte auch in mir eine robinson-natur, die sich allein und frei, nur auf sich selbst gestellt, entwickeln und die summe all ihrer kenntnisse und fertigkeiten ziehen wollte. (235)

Dem Beweis der eigenen Tüchtigkeit wird in beiden Texten ein hoher Wert beigemessen. Die Wahl des Titels des frühesten Romanfragments soll möglicherweise diese Gemeinsamkeit betonen.[50] Das Errichten einer ›self-made-world‹ ist hier wie dort die Rechtfertigung für die menschliche Existenz, während der Mensch in der Zivilisation von seinen wesentlichen Begabungen entfremdet scheint. In der oben zitierten Passage wird diese Qualität *des* Menschen im nächsten Satz hervorgehoben: »Erst dann würden wir wahre menschen sein, fähig, uns [...] zu wirklicher geistiger freiheit emporzuarbeiten«. (235)

Die Unterschiede zur Robinsonade sind aber augenfällig. Robinson Crusoe hat sein Leben auf der Insel nicht gewählt: Gegen seinen Willen ist er 28 Jahre zu diesem Dasein ›verbannt‹.

> Die Insel bleibt für Robinson trotz seiner Erfolge, sie zu kultivieren, ein Exil. Er will wieder nach Europa, und als sich nach 28 Jahren endlich die Möglichkeit ergibt, reist er sofort zurück.[51]

Die Isolation und Autonomie stellen für Robinson eine mißliebige Zwangslage dar,[52] während der Bibliothekar und Alice gerade vor allem »befreit von den anderen menschen« (225) sein wollen. Der Rückzug aus jeglicher Gesellschaft scheint in *Die Insel* geradezu die Bedin-

---

50 Denn jedenfalls im fertiggestellten Text gibt es keine Insel, auf die der Titel Bezug nehmen könnte.

51 Götz Müller: *Gegenwelten*, S. 16. Müller greift hier auf die von Brüggemann zuerst getroffene Unterscheidung zwischen der Robinsonade als Exil und der Utopie als Asyl zurück. Vgl. Fritz Brüggemann: *Utopie und Robinsonade*, S. 85.

52 Die ›Soll-und-Haben-Liste‹ des Robinson Crusoe führt unter »Böses« gleich zweimal diesen Punkt auf: »Ich bin zu meinem Unglück ausgesondert und von allen Menschen getrennt worden. [...] Ich bin fern der Menschheit, einsam, aus der menschlichen Gesellschaft verbannt«. (Daniel Defoe: *Robinson Crusoe*, S. 97 f.)

gung für ein Leben im ›Wahren‹. Die geplante Aufenthaltsdauer in Frederikshald zeigt ähnliche Unterschiede zu der in *Robinson Crusoe* wie schon zu der in *Reise zum Mittelpunkt der Erde*. Nur beträgt in *Robinson Crusoe* die Dauer nicht, wie im Verne-Text, *so lange wie nötig* (um den Ort bei der Rückkehr treffend beschreiben zu können), sondern *so kurz wie irgend möglich* (auch wenn er faktisch dann viele Jahre beträgt). Wie oben schon gezeigt, richten sich der Bibliothekar und Alice auf einen *unbegrenzten* Aufenthalt ein; die Zeit kommt zum Stillstand, weil sich nach der Ankunft kein irgendwie geartetes ›Danach‹ ereignen soll.

Ebenso wie der Ort von Robinsons Exil zufällig ist,[53] ist auch sein Leben auf der Insel vielfach vom Zufall und von seiner Fähigkeit, flexibel darauf zu reagieren, geprägt.[54] Der Bibliothekar und Alice haben Kenntnisse von dem Ort, den sie bereisen, und sie vergegenwärtigen sich während der Fahrt die im Dokument gemachten Angaben immer wieder.[55] Was für Anforderungen das Leben unter der Erde an sie stellt (und ob es überhaupt noch welche stellt, wenn erst mal alle Stühle und Tische gezimmert sind), beantwortet der Fragment gebliebene Roman nicht mehr. Die Entfernung zur Robinsonade ist aber auch so deutlich genug.

Sich auf einen unbegrenzten Aufenthalt an einem Ort vorzubereiten, der sorgsam vom Rest der Welt verborgen wird, um dort ein besseres Leben zu beginnen, stellt eine Motivation zu reisen dar, welche an die von literarischen Utopien, wie etwa der *Insel Felsenburg*, erinnert. Denn der Zufluchtsort ist

> bei Schnabel nicht mehr bejammertes Exil (wie bei dem im Vergleich damit arg zusammenschrumpfenden »Vorbild« des Robinson Crusoe), sondern utopisches, heilig=nüchternes Asyl.[56]

53 Die Wahl des Ortes scheint natürlich nur textimmanent zufällig; dramaturgisch ist es notwendig, daß er auf einer unbewohnten und für die westliche Zivilisation unbedeutenden Insel strandet.
54 Religiös interpretiert (und Robinson selbst interpretiert vielfach so), lassen sich die Zufälle auch als Winke Gottes lesen, die ihn auf die rechte Bahn zurückbringen sollen.
55 S.224, 226, 229, 231.
56 *Berechnungen II.* In: BA III/3, S.279.

So ist der Aufenthalt im utopischen Raum, ebenso wie bei *Robinson Crusoe,* die Folge einer Notsituation, wenn auch einer gänzlich anderen: die alte ›Heimat‹ bietet kein menschenwürdiges und geschütztes Leben mehr. Gleichzeitig tritt die Utopie (im Gegensatz zur Warnutopie) den Beweis an, daß ein solches Leben prinzipiell möglich ist, freilich nur außerhalb der bestehenden Gesellschaftsordnung. In *Die Insel* ergibt sich aus der prinzipiellen Möglichkeit geradezu eine Pflicht, den utopischen Raum zu besetzen und ein solches Leben zu verwirklichen; quasi zur ›Arterhaltung‹:

– und doch brauchte die welt menschen mehr als je! Oh, wir taten gut daran, dass wir all dieser halbheit den rücken kehrten und durchbrachen in den reinen, einsamen raum, dorthin, wo das geld seinen zeitlichen wert verlor, und der titel seinen widerhall an hohlen köpfen; wo nur der mensch allein geltung behielt. (236)

»der mensch allein« – Es fällt auf, daß hier der Singular auf den Menschen referiert, wie er sein *sollte,* während die Pluralform meist die »schar [der] bedränger« (208) bezeichnet (»sehnsüchtig und menschenfremd« (195), »befreit von den anderen menschen«, »lautlos den menschen zu entkommen« (225), »der unerträglichen gesellschaft der menschen zu entfliehen« (232)).[57] Die darin enthaltene Aussage scheint über ein triviales ›Es-gibt-solche-und-solche‹ hinaus zu gehen: In der Horde ist der Mensch unerträglich, nur allein kann er sich als Mensch beweisen. Hier deutet sich ein erster Unterschied zur klassischen Utopie an, da auch auf der *Insel Felsenburg* ein besseres *Zusammen*leben demonstriert wird.[58] Dadurch verliert, nach Schmidt, die zuvor getroffene Unterscheidung Robinsonade-Exil / Utopie-Asyl ihre Gültigkeit:

57 Eine Ausnahme bildet, neben der oben von S. 236 zitierten Passage, die Verwendung auf S. 235; dort wird aber die Zuordnung durch das Adjektiv abgesichert: »Erst dann würden wir wahre menschen sein«.
58 Merkwürdigerweise ignorieren der Bibliothekar und Alice Rudbecks Hinweis darauf, daß auch sein Atlantis nicht unbewohnt ist: »Unermesslich sind diese leuchtenden weitungen *mit ihren bewohnern*« (S. 213, Hervorhebung MB). Daß sie offensichtlich diesen Satz ›überlesen‹, ist um so merkwürdiger, als die gesamte Nachricht Rudbecks nur 6 Zeilen umfaßt. Vermutlich sind die Bewohner als Tiere oder Pflanzen zu interpretieren.

Natürlich ist es noch durchaus ehrenhaft, und als Ausdruck diametral entgegengesetzter Weltansicht vertretbar, wenn ich einerseits die Einsamkeit mit Robinson als ‹Exil› empfinde; und sie andererseits, mit unserem größten deutschen Schnabel, als ‹Asyl› bejauchze.[59]

Der angestrebte Fluchtpunkt der *Insel* weist also strukturelle Ähnlichkeiten mit der *Insel Felsenburg* auf: Wie dort spielt die abgeschiedene geographische Lage und die Möglichkeit, den eigenen Aufenthaltsort verbergen zu können, eine ausgezeichnete Rolle. Ebenfalls ist in beiden Fällen ein unbegrenzter Aufenthalt geplant. Betont wird aber in *Die Insel* gleichzeitig stark das robinsonadenhafte Element des Auf-sich-selbst-gestellt-seins.[60]

Verwirrend bleibt zunächst, daß die Grundbedingung für Robinsons Leben (solange er ohne Freitag ist) im Falle der *Insel* gerade nicht besteht. Der Bibliothekar und Alice wollen zwar »weg von den menschen und [...] in die einsamkeit« (214), aber sie sind genau genommen natürlich nicht *ein*sam, sondern – zu zweit.

Während Robinson Crusoe gerade keine besonderen Voraussetzungen für das Inselleben und die (erzwungene) Autarkie mitbringt – er hat beispielsweise *kein* Handwerk gelernt –, sind für die Zulassung zur Insel Felsenburg besondere Merkmale erforderlich: der / die neue BürgerIn muß eine Leidensgeschichte aufzuweisen haben, damit ihm / ihr auf der Insel Felsenburg Asyl gewährt wird. Auch in *Die Insel* gibt es bestimmte Eigenschaften, die den Bibliothekar (und Lady Alice) *utopiefähig* machen und ihn von anderen Menschen unterscheiden.

### 1.1.3 Die Beschaffenheit des Menschen

Natürlich *gibt* es ›solche-und-solche‹; von denen, die sich nicht auf ihr wahres Menschsein berufen oder es nicht können, erzählt ein Traum des Bibliothekars:

59 *Die Meisterdiebe.* In: BA II/I, S. 342.
60 Auch die *Insel Felsenburg* hat, im Vergleich zu anderen Utopien (wie Morus' *Utopia* und Campanellas *Sonnenstaat*), schon dieses Element, weswegen Götz Müller Schnabels Text auch als »Robinsonadenutopie« bezeichnet (*Gegenwelten*, S. 76).

Ich stand wieder in Paris auf dem Champ de Mars und sah den exerzierenden soldaten zu, und wieder kam das bild, wie ein tückischer hagerer hauptmann einen der Chasseurs ins gesicht schlug und dann den armen menschen sich auf und niederwerfen liess – unzählige male. Und wieder, wie damals, sahen mich aus dem gesichte des einfachen soldaten die augen an, müde und gequält und verzweifelt und voll ergebener ruhe, während er sich wie ein graues tier im staube hin und herwand.

Menschenwürde, freiheit und adel der persönlichkeit – solche und ähnliche gedanken stiegen mir auf, und ich lachte grimmig wie damals, als ich die schönste und beste der welten leibhaft vor mir verkörpert sah.

»Und siehe, es war alles gut!« (219)

Das Negativ-Bild zeigt den Menschen in einer Gruppe (von Soldaten), wo der einzelne erniedrigt wird und sich erniedrigen läßt; seine Würde, seine Freiheit und seine Individualität liegen mit ihm im Dreck, aus dem er sich »aus halbheit und schwachheit oder bequemlichkeit« (235) nicht erheben kann. Was noch? Eine andere Form desjenigen, der sich nicht auf seinen menschlichen Wert beruft, ist der ›gemeine‹ Mensch, der in einer »hastenden menge« (ebd.) untergeht und mit »hohlen selbstgefälligen gesichter[n]« (ebd.), geschmückt »mit ihren orden und bunten bändern« (ebd.), aus ihr heraus schaut. Vielleicht ist das, textimmanent, der größte Frevel: Die Unzulänglichkeit der bürgerlichen Existenz wird von den meisten gar nicht erlebt, sie verdämmern »in lauer bürgerlicher luft ihr dasein [...], ohne vom ungestümen geiste nur einmal angerührt zu werden« (236).

Die ersten Gedanken, die ›Arno Schmidt‹ durch den Kopf gehen, als sich ihm aus dem *Goldnen Topf* »das Schicksal eines Menschen« (189) aufblättert, lassen sich aus meiner Sicht wie eine Soll-Bestimmung lesen: »Klug musste er gewesen sein, Wissenschaftler und Dichter« (ebd.). Nun ist der Bibliothekar zwar ein Wissenschaftler, aber kein Dichter,[61] allerdings ist er ein ›guter Leser‹.[62] Die *Dichtergespräche im Elysium* wer-

---

61 S. 207: »Ich habe mich höchstens in meinen verstiegenen jünglingsjahren für einen dichter gehalten.« Anderseits ist die intradiegetische Erzählung von ihm verfaßt.
62 Zum Begriff des ›guten Lesers‹ und den *Juvenilia* als Leseerzählungen vgl. Jan-Frederik Bandel: »*Meine Büchel*«.

den zeigen, in wie große Nähe das jemanden zu den großen Dichtern und Wissenschaftlern rücken kann. Als guter Leser liest er zunächst die ›richtigen‹ Bücher. Das auf das Notwendige beschränkte Gepäck des Bibliothekars enthält fünf Bücher: Homer (in der Voss-Übersetzung), Goethes *Faust* (beide Teile), einen Band mit Logarithmentafeln und Formelsammlung, Wielands *Aristipp* und einen letzten Band mit Fouqués *Undine,* Hoffmanns *Klein Zaches,* Stifters *Hochwald,* Hauffs *Lichtenstein* (nur das erste Buch), einige Gedichte Goethes, Poes *Arthur Gordon Pym,* Schopenhauers *Vierfache Wurzel* und einige Seiten aus dem *Nibelungenlied,* von Herodot und Meister Gottfried und einige über Paläontologie.[63] Auch an der Zusammenstellung der ›Minibibliothek‹ zeigt sich wiederum, daß naturwissenschaftliche und poetische Texte nicht nur beide gleichermaßen wichtig sind, sondern zwischen zwei Buchdeckeln vereint werden können. Ein weiteres Kennzeichen des guten Lesers ist, daß er mit »den grossen toten aller zeiten und völker« (220) lebt: »*Alles, was je schrieb, in Liebe und Haß, als immerfort mitlebend zu behandeln! – – –*«.[64] Nur in ihrer Mitte erhellt sich das triste Dasein; sie ermutigen den Bibliothekar, den »traum, wie ihn menschen schon oft, aber niemals schöner geträumt haben« (235) zu entwerfen.

> Denn aufs neue wusste ich nun, dass ich fähig war, die dichter zu verstehen und mit ihnen zu fühlen; es war ein strahl der jugend und des tiefen wissens, dass diese erde nicht nur flach und schmutzig war, wie wohl manche meinten. – (207)

Entsprechend fällt die Trennung von den geliebten Büchern »blutschwer« (216), sind sie doch nicht luxuriöser Ballast, sondern »eine kleine schar funkelnder welten« (216).

Anders als die in Scharen auftretenden ›Anderen‹ schätzt der juvenile Held die Zurückgezogenheit.[65] Er hat Vertrauen in die eigene Fähigkeit, ein Leben mit bloßen Händen, unter Aufbietung all seiner Kenntnisse und Begabungen aufzubauen.

---

63 Was hier in der *Insel* noch ein nach subjektiven Maßstäben zusammengesetzter ›Privatkanon‹ ist, wird in den *Dichtergesprächen* zu einem verbindlichen Kanon ausgebaut. Vgl. 1.2 dieser Arbeit, insbesondere zur Verschränkung von Utopie und Kanonsetzung.

64 *Vorspiel.* In: BA II/2, S. 142.

65 vgl. dazu z. B. S. 204 f.

Wir waren glücklich allein, nur mit uns selbst und den grossen dichtern und wissenschaftlern aller zeiten; wir würden uns unser leben selbst zimmern mit unseren eigenen händen und unserem eigenen geiste – ein traum, wie ihn menschen schon oft, aber niemals schöner geträumt haben. Und wie selten mag er erfüllt worden sein, wie oft mögen selbst die sehnsüchtigen aus halbheit und schwachheit oder bequemlichkeit ihn unterdrückt oder gar verleugnet und verleumdet haben, obwohl er stets zu erfüllen war und sein wird, wenn es auch die grössten opfer kostet. (235)

Die bloße *Fähigkeit*, die Möglichkeit wahrer menschlicher Freiheit zu beweisen, reicht für die Verwirklichung dieser Freiheit nicht aus; hinzukommen muß das Bewußtsein der eigenen Potenz und der *Wunsch*, den Beweis anzutreten und sich nicht mit den gegebenen Umständen zu begnügen. Nun keimt in ihm gerade dieser Wunsch, aus seinen Verhältnissen auszubrechen und ein neues Leben zu wagen, merkwürdig plötzlich auf. Wiederum vor der Folie der *Insel Felsenburg* gelesen, weist der Schmidtsche Text für den Bibliothekar (und auch für Lady Alice) keine lange Leidensgeschichte aus, die nur noch einen Schluß zuläßt: »Nischt wie raus!«[66] Es soll nun nicht darum gehen, verschiedene Schicksale gegeneinander aufzurechnen und nach ›objektiv gültigen‹ Gründen zu forsten, die eine Ausbildung des Impulses, entkommen zu wollen, gleichsam legitimieren; die *eigenen* Worte des Bibliothekars im ersten Teil hinterlassen aber nicht den Eindruck von Unzufriedenheit oder Unglück. Nach kaum einer Stunde auf dem Schloß des Grafen ist sein »zimmerchen so einladend hergerichtet, dass ich meinem sicherlich langen Aufenthalte im schloss zuversichtlich entgegensah« (198). Er schätzt sich dann auch glücklich, »in diesem schönen lande unter einem klugen herrn arbeiten und leben zu dürfen« (ebd.), und »war zufrieden und ruhig in meinem neuen pflichtenkreis, der mir tag für tag neue kleine freuden und überraschungen brachte« (203). Die Ansprüche sind hier am Anfang merklich bescheidener – oder kleinmütiger – als im zweiten Teil. Zu den ›kleinen Freuden‹ gehört auch ein nächtlicher Spaziergang – »lange, das wusste ich, würde ich ihre bilder [der Nacht] in

---

66 *Wunderliche Fata einiger Seefahrer.* In: BA III/4, S. 19. Vgl. auch *Herrn Schnabels Spur.* In: BA II/1, S. 248: »Ein *furcht*bares Bild ist es, was er entrollt!! Und in tiefsinnigster Symbolik: erst nach schwersten überstandenen Stürmen – *oft* muß man gescheitert sein! – kann man zur ‹Insel Felsenburg› gelangen.«

mir tragen, und immer wieder würden sie einmal aufglänzen« (195) –, der aber weniger ein mögliches Ausbrechen andeutet, als vielmehr den Status quo zu stabilisieren scheint. Auch zeigt sich der Bibliothekar von Anfang an als kompetenter Mitspieler sozialer Verhaltensregeln, deren hierarchische Struktur im Schloß er offenbar widerspruchslos akzeptiert: Mit dem Pförtner geht er bei seiner Ankunft »seite an seite über den kleinen, winkligen hof, bereits vertraut plaudernd und scherzend« (196); der Pförtner merkt bei Nennung des Doktortitels des Bibliothekars anerkennend auf, was dieser wiederum zufrieden zur Kenntnis nimmt. Bevor er dann das Zimmer des Grafen betritt, ordnet er schnell noch einmal seine Kleidung und läßt es auch sonst nicht an Respekt fehlen: »Ich verneigte mich tief und blieb einen augenblick an der tür stehen [...]. Er neigte höflich den grauen, hageren kopf gegen mich [...] während ich mich anständig, doch ungezwungen niederliess« (196). Gegenüber dem Archivar, mit dem er um die Gunst des Grafen konkurriert, verhält er sich »mit gespieltem zögern« (199).

Zu Beginn des Textes zeigt sich der Bibliothekar durchaus gewillt, sich mit seiner Stellung zu begnügen. Eine Wandlung der Einstellungen und Haltungen vollzieht sich erst, als er und Lady Alice ein Paar werden. Der juvenile Held ist offenbar erst mit seiner Gefährtin und durch sie utopiefähig.

### 1.1.4 Die Frau als Gefährt(in) des Mannes

Der Besuch der englischen Verwandtschaft des Grafen bringt zunächst unliebsame Störungen in den ruhigen »Pflichtenkreis« des Bibliothekars; ein Ball wird zu diesem Anlaß anberaumt, der den Weg vom eigenen Zimmer zur Bibliothek zum Spießrutenlauf werden läßt: »Als ich die tür öffnete, schlug mir die musik von unten entgegen, und ich zögerte einen augenblick, da ich möglichst nicht bemerkt werden wollte« (207). Lady Alice gibt sich ihm aber schnell als verwandte Seele zu erkennen.

> »Oh, nein! Lassen sie sich nicht stören!« So musste auch ich mich zu einigen worten entschliessen und bemerkte, dass sehr zahlreiche gäste dem herrn grafen die ehre gegeben hätten. »Ja, leider« sagte sie hastig, und fügte dann wie erklärend hinzu »ich liebe viele menschen nicht; es ist viel schöner allein.« Ich glaubte ihr jetzt, nach ihrem wesen, dass sie lieber für sich geblieben wäre; denn sie sprach zu mir,

wie ein mensch, der scheu und ein wenig hilflos der schar seiner bedränger entwichen ist. (207f.)

Lady Alices Schüchternheit und Einfachheit wird im Text überbetont:
ihre »zierliche gestalt« (208) trägt sie »in einem einfachen weissen kleid-
chen« (207); bei der Abreise tragen »ihre winzigen händchen [...] ein
kleines Täschchen« (221). So hat sie es sich auch in »ihr *köpfchen* gesetzt,
[...] sich literarisch weiter zu bilden« (208; Hervorhebung MB). Die Funktion der ständigen Vergegenwärtigung ihrer Zierlichkeit erhellt sich im
Zusammenhang der Szene, in welcher der Bibliothekar von seinem Arbeitgeber angewiesen wird, ihr bei ihrem Studium, »wenn nötig, zur
Hand« (209) zu gehen. Denn die Richtung der Hilfestellung dreht sich
ungeachtet der Anweisung des Grafen nach wenigen Sätzen um:

aber sie sagte mir, dass sie ein wenig bei der einrichtung der bücherei helfen wollte, schon, weil sie dadurch mehr kenntnisse bekommen würde, als bei eigenem studium. So hatte ich denn eine sekretärin, der ich von meiner hohen leiter herab ansagen konnte, was ich
fand und feststellte. Ernsthaft schrieb sie, ernsthaft sah sie zu mir auf
(209).[67]

Hier wird eine Blickrichtung festgelegt: Sie schaut zu ihm auf; physisch
wegen ihrer Zierlichkeit gegenüber seiner Körpergröße – »[d]a ich
ziemlich gross bin« (221) – und wegen ihres Platzes am Tisch unterhalb
der Leiter. Analog verhält es sich bezüglich ihrer ›Bildungsdefizite‹ und
seiner Potenz auf diesem Gebiet – auch hier blickt sie zu ihm auf und
versucht, »das gehörte [...] in die lücken ihres wissens einzuordnen«
(208). Diese doppelte Absicherung der Blickrichtung ist nötig, muß doch
das entgegengesetzte soziale Gefälle (dessen Struktur er, s.o., fest in-
ternalisiert hat) ausgeglichen werden, dessen trennenden Charakter er
besorgt zur Kenntnis nimmt: »Was konnte ich, der arme bibliothekar
diesem prinzesschen bieten?« (211).

---

67 Eine Umkehrung von der Schülerin zur Sekretärin bestimmt auch das Verhältnis
der beiden Hauptfiguren im *Schulausμug*. Dort wird sie freilich von der männlichen
Figur bemerkt: »Ins Funkhaus nahm ich sie mit, wenn ich, wie selten einmal,
Geschichten vorlas, daß sie auch das aus dem Grunde erfuhr. Übersetzungen schrieb
sie mir ins Reine (obwohl man mir da natürlich schon den Vorwurf machen konnte,
ich benützte sie – auch bei Erledigung der Korrespondenz – als zahlende Sekretärin;
hm).« (in: BA I/4, S.113).

Die Vertikale bestimmt in vielfacher Hinsicht die Beziehung der beiden zueinander: Typ »‹Dame ohne Unterleib›«[68] trifft auf betont keuschen ›Jüngling‹ (der so jung wohl kaum mehr ist) – »Eine ganz ideale vertikale Liebe (meine Spezialität! Leider!).«[69]

Die dominierende Blickrichtung wäre also festgehalten – wie kommt es aber von hier aus zu der veränderten *Sicht der Dinge,* zu der merkwürdig veränderten Welterfahrung? Eine Passage aus dem zweiten Teil des Fragments legt den Mechanismus der Bildproduktion für das ›wahre Leben‹ frei:

> Von all dem erzählte ich Alice, während sie sich immer dichter an mich drückte, *nur* in ihren augen standen die bilder, die ich ihr zeigte und die wir mit in den traum nahmen. (231; Hervorhebung MB)

Diese Stelle weist die Frau als *Projektionsfläche* der Bilder aus, die der Mann imaginiert. Schon vor der Begegnung mit Lady Alice hatte der Bibliothekar sehnsüchtig aufglänzende Bilder, aber nur in sich, getragen (»lange [...] würde ich ihre bilder in mir tragen« (195)). Erst jetzt, wo die Bilder außerhalb seiner selbst entstehen können, so scheint es, ist ein Entwerfen auf sie möglich. Der Traum entsteht erst durch die Begegnung mit ihr; genauer: erst durch sie wird er sichtbar als ein Ziel. So ist Lady Alice für die Ausbildung des Impulses ›Entkommen-zu-wollen‹ unerläßlich.

Sie ist gleichzeitig die liebende Gefährtin auf der Reise und sein Gefährt[70] in dem Sinne, daß sie ihn von einem Ort in den nächsten ›bringt‹; von dem Ort seines »pflichtenkreises« (203) zu dem utopischen Ort, wo er mit seinen »eigenen armen und händen« ein Haus baut. Sie begleitet und leitet ihn dorthin.

68 *Der sanfte Unmensch.* In: BA II/2, S. 71.
69 Brief an Heinz Jerofsky. In: *»Wu Hi?«,* S. 71. Die Zusammenstellung literarischer und biographischer Dokumente ist nicht unproblematisch, wenn man, wie Peter Polczyk, meint, daraus zwingende Schlüsse für das Verhältnis zwischen Arno und Alice Schmidt ziehen zu können: »Nimmt man Briefe und Erzählung zusammen, so bleibt der Schluß, daß 1937 in Greiffenberg, wie allerorten im 20. Jahrhundert, ein (angehender) Schriftsteller (s)eine Sekretärin geheiratet hat.« (Peter Polczyk: *Fluchtpunkt Literatur,* S. 127) Zumal der Zusatz in Klammern des Briefes keinerlei Entsprechung im literarischen Text hat. Aussagekräftig kann die pointierte Beschreibung der ›idealen vertikalen Liebe‹ nur für die Vorstellung einer bestimmten *Werk*phase sein, die im *Abend mit Goldrand* durch die Figur der Martina (der Dichtersgattin mit Unterleib) so beziehungsreich gebrochen wird.
70 Vgl. Paul Virilio: *Metempsychose des Passagiers:* »Der Mann ist der Passagier der Frau, nicht nur bei seiner Geburt, sondern auch in den sexuellen Beziehungen.« (S. 83).

Die an romantische Liebeskonzeptionen erinnernde »Vollendung des Männlichen und Weiblichen zur vollen ganzen Menschheit«[71] ist von zentraler Bedeutung. Zwar fehlt der religiös-mystische Anstrich der Schlegelschen *Lucinde* oder Schellings *Darstellung meines Systems der Philosophie* (Wiederherstellung der ursprünglichen Einheit von Ich und geheimnisvollem Kosmos in der Liebe), jedoch behält die Festschreibung von weiblicher Passivität (Zuhörerin; Projektionsfläche) und männlicher Aktivität (Belehrender; Konstrukteur der Wunschvorstellung) auch in *Die Insel* ihre Gültigkeit.

Der utopische Gehalt der *Insel* liegt zu einem nicht geringen Teil in dieser Vervollkommnung des Menschen in der Zweisamkeit. Die zuvor diagnostizierte Schwäche besteht aber auch hier, denn die Utopie

> muß sich immer der Negation als wichtigster Operation bedienen, denn vor allem erwarten wir von einem Utopisten natürlich, daß er erklärt, in welcher Hinsicht und inwieweit sich der von ihm gedachte Zustand von dem Zustand *unterscheidet*, den wir in der Welt vorfinden, wenn wir uns darin umsehen.[72]

In Hinblick auf die ideale Lebensgefährtin weist dagegen beispielsweise Schlegel in der *Lucinde* Schritt für Schritt nach, welche möglichen Formen der Verbindung er in der Welt (seiner Zeit) vorgefunden hat und inwieweit sie als unzureichend erscheinen. *Die Insel* präsentiert ein Motiv Entkommen-zu-Wollen, ohne daß dies aus der dargestellten Realitätsstruktur schlüssig würde.[73] Verschärfend tritt hier die Zeitverschiebung hinzu: Utopia existiert nicht neben der Realität der Einleitung von 1937, sondern parallel zu der Schloßgesellschaft von 1837, also neben einer Realität, die in ihrer beschaulichen Darstellung ihrerseits

---

71 Friedrich Schlegel: *Lucinde*, S. 17.
72 Lars Gustafsson: *Negation als Spiegel,* S. 280.
73 Auch der Standesunterschied zwischen Lady Alice und dem Bibliothekar scheint mir nicht der Grund, welcher die Flucht ins Menschenlose motiviert. Zum einen würde in diesem Fall eine Flucht bis hinter die Landesgrenzen doch wohl genügen. Zum anderen – und das scheint mir entscheidend – steht beiden Figuren im Moment ihrer Vereinigung der Gedanke an eine bürgerliche Existenz fern, welche die Problematik des Standesunterschiedes freilich erst aufwürfe. Ihr ›Traum‹ von einem besseren Leben beinhaltet gerade wesentlich die Abgrenzung von den Verhältnissen an der (Erd-)Oberfläche.

utopische Züge trägt.[74] Auch der Erzähler der Einleitung macht sich auf den Weg zu dem »land im innern der erde« (213), aber ihm ist der Zugang durch »immer dichtere[s] und ungangbarere[s] Geröll« (190) versperrt. Es scheint, als wäre ein geglücktes Entkommen nur aus der ›guten alten Zeit‹ möglich. So liegt die Utopie der *Insel* in eine Uchronie eingebettet, was die Nachvollziehbarkeit nicht erhöht. Gleichzeitig ist dies ein Zugeständnis: Von hier aus (der Realität der späten dreißiger Jahre) ist ein Entkommen selbst in der ersten Erzählung unmöglich; erstritten werden kann nur der Trost, der sich aus der prinzipiellen Möglichkeit speist. Diese Verlagerung in eine vermeintlich bessere Vergangenheit ist Bestandteil aller utopischen Entwürfe in den *Juvenilia.*

74 1960, in *Wunderliche Fata einiger Seefahrer,* weiß dagegen Schmidt, »daß die Fabel von der alten guten Zeit genau so basislos ist, wie die von unserer, diskret hakenbekreuzten, ‹Westlichen Freiheit›.«, S. 19.

## 1.2 Dichtergespräche im Elysium

### 1.2.1 ·Kanonsetzung

Die 1940/41 entstandenen *Dichtergespräche im Elysium* weisen sich zunächst in der Vorrede als Geschenk von »Arno –« an seine Frau Alice aus: »Da ich dieses Jahr arm bin und dir nicht soviel schenken kann, wie ich möchte – und alles möchte ich dir schenken, du weißt es – will ich versuchen, Dir von Büchern und Dichtern zu erzählen« (241). Es soll jedoch keine Literaturgeschichte im üblichen Sinn betrieben werden, sondern es sollen »nur die wenigen Namen [genannt werden], die uns [...] stets die Großen bleiben werden« (ebd.).

Die zwölf Gespräche der *Dichtergespräche* stehen in größerer Nähe zur Gattung des Totengesprächs[75], als zu einer an Daten und Entwicklungslinien orientierten Literaturgeschichte. Die zwischen den auftretenden Figuren liegenden Klüfte von Jahrtausenden/Jahrhunderten, unterschiedlichen Sprachen und Kulturen scheinen denn auch bestenfalls zu Witzen[76] zusammengeschrumpft zu sein. Ansonsten parlieren die Dichter und Denker aller Zeiten verständig und wandeln dabei einmütig durch das paradiesische Elysium. Gesprächsgegenstand bilden Fragen nach Form und Inhalt von Literatur, nach der Beschaffenheit von Realität und dem wahren Buchliebhaber, »über die [aber] nicht kontrovers debattiert wird, weil sie a priori entschieden sind«.[77]

Auch in Wielands *Gespräche im Elysium* sind die Unterschiede zwischen den Toten eingeebnet, wenn freilich auch auf einer ganz anderen Ebene. Darin erklärt Lukian dem Ankömmling Diokles:

Lucian. Du darfst alles was du kannst. Wir sind hier alle gleich, und haben, wie die alten Atlanten, keine besonderen Nahmen, ausser wenn wir uns von unserm vormahligen Leben unter einander besprechen. Da ich noch auf der Oberwelt war, nannten sie mich Lucian.[78]

---

75 vgl. hierzu Uwe Japp: *Rekapitulation der Weltliteratur.*
76 So wird beispielsweise Schopenhauer »Allmächtiger Kant!« als Ausruf in den Mund gelegt.
77 Wolfgang Albrecht: *Angenähert, anempfohlen, anverwandt,* S.196. Dies gilt nicht für das 4. Gespräch, in dem sich ein Fremder um Zulaß zum Elysium bewirbt. Auf dieses Gespräch gehe ich in 1.2.2 genauer ein.
78 Christoph Martin Wieland: *Gespräche im Elysium,* S.281.

Da im Elysium alle gleich sind und ihre irdischen Qualitäten sich im Lichte des Elysiums als Eitelkeiten herausstellen, gibt Lucian nach Eigenaussage auch keinen Anlaß für Bewunderung, denn er sei »ein M e n s c h wie ein anderer«.[79] Wie anders erscheint vor diesem Hintergrund die Situation in Schmidts *Dichtergesprächen im Elysium*: Die Figuren sind wegen ihrer Verdienste um die Dichtung im Elysium und zollen sich auch dort noch gegenseitig Anerkennung für ihre Werke.[80] Wie groß die Bedeutung einer solchen ›Erfolgsstory‹ für die Inanspruchnahme eines Platzes im Elysium ist, zeigt »Poes« vorgetragene Dankbarkeit für seine Aufnahme »*trotz* des Vondervotteimittis und der black cat [...] – man hatte mir viel nachzusehen –« (242, Hervorhebung MB).[81] Die Bewohner des Elysiums setzen – wiederum im Unterschied zu Wielands *Gesprächen im Elysium* – ihre irdische Existenz ins Unendliche gestreckt fort. Der Historiker Brucker verfaßt mit Schopenhauer eine Philosophiegeschichte (269f.), Darwin erteilt naturwissenschaftlichen Unterricht und verfaßt das langerwartete Standardwerk »Grundriß zur Systematik und vergleichenden Biologie der Eisblumen« (271). Die großen Dichter und Denker beugen sich wie selbstverständlich den Interessen und Vorlieben ihres Autors. So muß Goethe für seine Geringschätzung der Romantiker, namentlich Fouqué und Hoffmann, Abbitte leisten (279, 281).

Hatte schon *Die Insel* die kanonstiftende Frage ›Was nehme ich mit auf die Insel?‹ beinhaltet, worauf eine nach recht subjektiven Gesichtspunkten ausgewählte Kleinst-Bibliothek zusammengestellt wird, for-

---

79 ebd. S.295.

80 Die Ausgeschlossenen sind hingegen keinerlei Anerkennung und Mitleides wert: »GOETHE: [...] – – Armer Schiller!
HOMER: Warum nennst du ihn arm? Alle die hier sind, sind und können mehr als er. Nur gut, daß dein Mitleid lediglich von eurer Erdbekanntschaft her datiert – sonst: als Dichter?! –
POE: Laß nur! Es wird nie heißen: »Goethe war ein Zeitgenosse Schillers...« sondern stets: »Außer den im Vorstehenden genannten hatte noch ein gewisser Schiller die unverständliche Ehre für seinen Freund zu gelten – –« Ich gebe ihm höchstens noch 400 Jahre, dann vielleicht noch ebensoviel in den Literaturgeschichten – – aus!!« (S. 279) Und Poe hat schließlich »in Allem Recht« (S.255).

81 Das Wort »Vondervotteimittis« ist laut Anhang der BA I/4 nachträglich eingefügt worden und ersetzt »Gordon Pym« (S.660). Die Nennung des *Arthur Gordon Pym* erstaunt ohnehin, da sich sowohl in *Die Insel* (S.216) wie in den *Dichtergesprächen* (S.253) ausschließlich positiv auf dieses Werk bezogen wird. »Vondervotteimittis« (›Wonder what time it is‹) bezieht sich auf Poes Groteske *The Devil in the Belfry*. Ich danke Bernd Rauschenbach für diesen Hinweis.

mulieren die *Dichtergespräche* die Setzung eines nach objektiven Maßstäben gültigen Kanons: Bezeichnenderweise ist der erste ›erlauschte‹ Satz des Werkes »Ja, du hast recht, Tieck.« (242). Es geht dem Erzähler der Vorrede »Arno –« hier nicht bloß darum, seine Vorlieben vorzustellen, sondern deren Berechtigung festzuschreiben.[82] Auch Uwe Japp weist auf die Nähe zwischen »kanonspezifische[r] Konzeption von Weltliteratur und [der] Geschichte des Totengesprächs«[83] hin. Die Konstruktion eines Elysiums, das laut Titelblatt die vornehmsten Dichter aller Zeiten und Völker beherbergt, zeigt den Anspruch einer Kanonsetzung an.

> Die Frage, die sich von hier aus stellt, lautet erstens, welche Dichter hier begegnen, zweitens, welche Urteile sie über andere Dichter fällen. Daraus ergibt sich dann der spezifisch rekapitulierende Begriff der Weltliteratur.[84]

Entgegen der Ankündigung des Titelblattes sind in den *Dichtergesprächen* weder alle Zeiten (das 20. Jahrhundert bleibt gänzlich ausgespart)[85] noch alle Völker repräsentiert: Poe ist der einzige Nichteuropäer. Andersherum sind aber durchaus nicht nur Dichter Gesprächsteilnehmer, sondern ebenso Naturwissenschaftler, Historiker, Buchhändler und Entdeckungsreisende. Gemein ist ihnen allen ihr Verdienst um die Literatur, und die überwiegende Mehrzahl sind natürlich Dichter. Deutlich ist aber das Bemühen zu erkennen, den engen Horizont einer Nationalliteratur zu erweitern. Ein Blick in andere zeitgenössische Kanons zeigt zudem eine deutliche Verschiebung von der Klassik zur Roman-

---

82 Dabei ist die Vermittlung kompliziert geschachtelt. Der fiktive Autor der Vorrede »Arno –« (»will ich versuchen, Dir von Büchern und Dichtern zu erzählen«, S. 241), schickt einen fiktiven Protokollanten »Arno Schmidt« (»DICHTERGESPRÄCHE IM ELYSIUM […] belauscht und aufgezeichnet von Arno Schmidt MDCCCXL«, S. 239) ins Feld, der zu Gehör bringt, wie die »vornehmsten Dichter aller Zeiten und Völker« (ebd.) sich wechselseitig ihrer Zugehörigkeit versichern.
83 *Rekapitulation der Weltliteratur*, S. 168.
84 ebd., S. 169.
85 Die Aussparung verwundert angesichts der abschätzigen Kommentare über das 20. Jahrhundert nicht: »[E]in Zeitalter, das Reitvorschriften für eine Geliebte und ähnlichen Unsinns mehr von sich gibt – –« (S. 251). Ähnliches vernimmt man z. B. aus *Trommler beim Zaren*: »[D]ie Fahrer; sämtlich fähig, 'ne abstrakte Kleinplastik notfalls als Büchsenöffner zu verwenden; (ich bin nicht für's Moderne; man hat es vielleicht schon gemerkt).« (In: BA I/4, S. 130).

tik in der Schmidtschen Setzung.[86] Wolfgang Albrecht verfolgt via *Arno Schmidts Wundertüte* und *Wieland oder die Prosaformen* die Entstehung einer eigenen »Poetologie und insonderheit einer maßgeblich durch Wieland angeregten Selbstverständigung über Formen der Prosa«[87], die Goethe als Zentralfigur zugunsten von Wieland ablöst und Schmidt selbst als notwendigen Nachfolger der Literaturtradition erscheinen läßt. In den *Dichtergesprächen* wird aber nicht Wieland, sondern neben Fouqué, dem Hausherren auf der Burg Wolkenstein, und E. T. A. Hoffmann (»er ist der größte Zauberer im ganzen Eilysion« (291)) besonders Poe als Stimme des Autors hervorgehoben.[88] Besonders im 3. Gespräch – unmittelbar bevor er den Vorsitz der ›Prüfungskommission‹ übernimmt, die über die Zulassung des Fremden zum Elysium entscheiden soll – wird seine exponierte Stellung von seinen Gesprächsteilnehmern bestätigt:

HOMER: Das weißt du, Poe? – Aber das weiß niemand! – (254)
HOMER: Wie selten ist ein Auge wie deines? – Ein sternenklarer Verstand über grausamtenen Dämmerungen. (ebd.)
HOLBERG: Du hast in Allem Recht, Poe! (255)
DEFOE: Und solch eines Lesers wie dich dürfen wir uns rühmen! – (ebd.)
DEFOE: Es ist vergebens, sich vor dir verbergen zu wollen. – (256)

Die Überlagerung der Stimme Poes mit der des Autors wird besonders augenfällig durch seine Kennzeichnung als ›guter Leser‹ und dadurch, daß er um das ›Sataspes-Geheimnis‹ (256) weiß. Lars Clausen hat anhand der spärlichen Quellen zumindest den hohen Stellenwert des (verschollenen? nie fertiggestellten?) Sataspes-Projektes für den Autor herausgearbeitet.[89]

---

86 Vgl. dazu Joachim Schulze-Bergmann: *Der literarische Kanon*. Besonders S. 240 und S. 264 ff. Der in der Weimarer Republik in Hamburg gültige Lehrplan für den Literaturunterricht sieht für die Epoche der Romantik die von Schmidt wenig geschätzten Eichendorff und Novalis vor. Die größte Nähe zum Schmidtschen Kanon in den *Dichtergesprächen* weist interessanterweise ein Vorschlag von 1841 auf – auch wenn die Behandlung von Wieland explizit untersagt wird (vgl. ebd. S. 57).
87 *Angenähert, anempfohlen, anverwandt*, S. 197. Vgl. dazu auch Jan Philipp Reemtsma: *Arno Schmidts poetische Sendung*.
88 vgl. dazu auch Jan Philipp Reemtsma: *Nachwort* zur Faksimile-Ausgabe der *Dichtergespräche im Elysium*, S. 152 f.
89 Lars Clausen: *Das Sataspes-Projekt*.

Im 12., erst 1941 in Hagenau verfaßten, Gespräch erzählt die Poe-Stimme vom beschwerlichen Weg ins Elysium – offensichtlich um die Empfindung des gerade ankommenden guten Lesers hinter dessen »verschlossene[m] Gesicht« (297) sichtbar zu machen. Über diese Passage wird noch zu sprechen sein.

### 1.2.2 Der Fremde

Wenn die Weltliteratur nicht als eine Art Thesaurus vorgestellt werden soll, also als die Summe aller Texte, ergibt sich das theoretische Problem der Selektion. Die Kriterien, nach denen selektiert wird, bilden den Rahmen des spezifischen Kanons. Die *Dichtergespräche* reflektieren diesen Vorgang, indem im 4. Gespräch der Ausschluß eines Fremden vorgeführt wird. Andererseits sprechen der Ton und die Vehemenz, mit welcher der Fremde schließlich ausgeschlossen wird, dafür, daß die Bedeutung der erfolgreichen Verteidigung gegen den Eindringling existentieller ist, als dies das Problem der Grenzziehung eines literarischen Kanons nahelegt; »Gedenket unseres Reiches!« – mahnt es gleich zweimal, bevor der Fremde seinen Fuß in die Burg Wolkenstein setzt (259). Nichtsdestotrotz setzt Schmidt seinen Kanon und das elysische Reich dieser ›Bedrohung‹ aus. Wer ist er nun, dieser Fremde?

Es geht mir nicht um das Rätsel, wer sich hinter der Maske des Fremden verbirgt; dies ist andernorts zu lösen versucht worden, wie mir scheint ohne sehr viel Erfolg. Thomas Krömmelbein übersieht bei seinem Vorschlag, der Fremde sei Dante, daß dieser kein Fremder ist, sondern, zusammen mit Schiller und Stolberg, zur Gruppe derer gehört, die an einer Wegkreuzung versuchen, dem Elysium Neuankömmlinge abspenstig zu machen (278f.).[90] Rudi Schweikert schlägt dagegen Dostojewskij als Kandidaten vor.[91] Der scheint zumindest besser zu der Typisierung des Fremden zu passen; allerdings muß Schweikert sich mit der etwas unbefriedigenden Konstruktion behelfen, Schmidt habe es mit den Sterbedaten der Elysiumsbewohner nicht so genau genommen[92]: Die zuletzt Aufgenommenen werden direkt vor der Fremden-

---

90 Thomas Krömmelbein: *Selbstvergewisserung im Dichterolymp,* S.139. Auch Volker Wehdeking erinnert der Fremde an Dante und Savonarola (Wehdeking: *Aus dem Dritten Reich,* S.43 f.)
91 vgl. Schweikert: *Wer ist der »Fremde«.*
92 ebd., S.20.

Szene noch einmal aufgezählt: Dickens († 1870), Storm († 1888), Burck-hardt († 1897) und der zwar nicht dort benannte, aber 1903 verstorbene Mommsen. Der Fremde müßte also, wollte man ihn mit einer histori-schen Person identifizieren, *nach* 1903 gestorben sein. Dies trifft auf Dostojewskij († 1881) nicht zu.

Interessanter als die – vielleicht müßige – Frage nach der historischen Vorlage ist erstens, was der Fremde repräsentiert, und zweitens das Mo-tiv dafür, das elysische Reich überhaupt der Gefahr einer Gegenstimme auszusetzen. Zunächst zum ersten Punkt:

Die ersten Äußerungen des Fremden[93] laufen auf die später getrof-fene Selbstcharakterisierung hinaus: »ich bin Christ!« (260) – womit er sich eigentlich schon disqualifiziert.[94] Auch das Verhältnis zur Natur muß als Gretchenfrage verstanden werden; mit der Auffassung »Mei-ner Ansicht nach hat die Landschaftsschilderung keine Berechtigung in der Literatur« (259) ist der Fremde als Konkurrent der in den *Dichterge-sprächen* vertretenen Literaturkonzeption ausgewiesen.[95] Entsprechend werden beide Punkte von der ›Kommission‹ scharf, aber kurz zurück-gewiesen. Erst die Nennung seines eigenen ›Literaturprogrammes‹ löst eine längere und zunehmend hitziger werdende Debatte aus, deren Hauptgegenstand im 7. Gespräch noch einmal von Hoffmann und Cer-vantes aufgegriffen wird. Der Fremde ist einer derjenigen, die »in der Darstellung des Menschen, noch genauer seiner Seele und ihrer Ab-gründe die höchste, einzige Aufgabe« sehen (260). Seine Versuche ›Das

93 S. 259: »DER FREMDE: Ein seltsamer Saal – auf deinem Mantel ein Kreuz? Bist du ein Tempelritter? –
POE: Ein Ornament wie andere mehr – laß dich dadurch nicht stören; wir sahen schon viele Bilder.
DER FREMDE: Das Kreuz ein Ornament? – Ihr seid – – wo bin ich hier und wer seid ihr?«
94 Der Hauptanklagepunkt ergibt sich in späteren Texten immer aus der Engführung von Christentum und Nationalsozialismus und insbesondere des Holocausts. Vgl. dazu den für *Arno Schmidts Wundertüte* konzipierten Brief an Dante: »Verehrter Meister! / Ich habe mit größtem Interesse Ihr großangelegtes »Inferno, Handbuch für KZ-Gestaltung« gelesen [...] Gelobt sei Jesus Christus / mit deutschem Gruß / Ihr Arno Schmidt« (S. 6 ff.) »Der ‹Herr›, ohne dessen Willen kein Sperling vom Dache fällt oder 10 Millionen im KZ vergast werden: das müßte schon ne merkwürdige Type sein – wenn's ihn jetzt gäbe!« (*Seelandschaft mit Pocahontas.* In: BA I/1, S. 393).
95 In *Du bist Orplid, mein Land* hebt Schmidt die Bedeutung, die er der adäquaten Landschaftsschilderung in der Literatur zur Beurteilung derselben beimißt, hervor. In: BA III/3, S. 238 ff.

Elend der Welt« literarisch zu schildern, hat auch Einfluß auf seine Schreibhaltung: »Ich habe einiges geschrieben, aber es war eine Qual« (259). Cervantes Vorschlag, sich mittels Humor aus der Gebundenheit an diese Weltsicht zu erlösen, weist er als absurd und letztlich eskapistisch zurück:

DER FREMDE: Meinst du mit platten Späßen dem seelischen Elend, dem Chaos des Geistes abzuhelfen?
CERVANTES: Ich sprach vom Gelächter, nicht von platten Späßen! – Und, Fremdling, sollte nicht deine Überheblichkeit daher rühren, daß du dich ein wenig zu ernst nahmst und behaglich dein »Leiden« pflegtest; du wolltest nicht genesen! Hast du nie bedacht, daß es auch Menschen gibt, die mit anderen Augen begabt sind und dort, wo du die Summe kleinlicher Leiden ins Maßlose anschwellen sahst, sich lachend über die Ungereimtheit deiner Welt hinwegsetzten? Du nahmst als Ausgangspunkt eben an: ich leide, die Welt verquält sich in Mord und Dämonen, – du hättest sagen sollen: meine Welt! Allerdings, dein Verfahren war sehr einfach, sehr elegant – du siehst, daß auch wir höhnen können!
DER FREMDE: Das ist eine erbärmliche Auffassung; alle Menschen sehen die Welt gleich! Du greifst nur zu einem Betäubungsmittel, dich über das Sein hinwegzutäuschen! (261)

Auch wenn textimmanent der Disput eindeutig zugunsten der Elysiumsbewohner entschieden sein soll, reicht die Auseinandersetzung mit dem Vorwurf des Fremden weit über das 4. Gespräch der *Dichtergespräche* hinaus. Im 7. Gespräch wird das »Reich« noch einmal von Cervantes in Abwesenheit des Opponenten verteidigt:[96]

CERVANTES: [...] Du nimmst von Anfang an einen ganz falschen Standpunkt ein, wenn du hier zwischen der subjektiven und der realen Welt unterscheidest. Schon durch diese Formulierung deiner Frage setzt du nämlich als unumstößlich gewiß voraus, daß *jeder* diese deine »reale Welt« sieht wie du, und nun sich daneben in eine Selbsttäuschung flüchtet, die er krampfhaft festzuhalten versucht! – Ein

---

96 Der direkt angesprochene Voß übernimmt hier weniger die Rolle eines Gesprächsteilnehmers, der wirklich überzeugt werden müßte, als mehr eines ›Kommunikations-Dummys‹, der die Gelegenheit gibt, die Argumente noch einmal aufzublättern.

Irrtum! Für jeden gibt es nur eine Welt; die, welche er eben sieht und diese allein ist für ihn wirklich. Nun kommt es freilich ganz auf die Augen an [...]

Und aus dem Zusammenprall, der Gegenüberstellung dieser Welten entwickelt sich nun unwiderstehlich gleich ein anderes Element: der Humor! Denn wo der Eine eine gemeine Schenke sieht, steht für den anderen das prächtigste Kastell.

HOFFMANN: Ein Beweis für die tiefe Ironie, welche die Natur in alles irdische Treiben legte – (275 f.)

Und noch immer in den *Dichtergesprächen:* Wenn Poe im 12. Gespräch von seinem Weg ins Elysium erzählt, ist dort keinesfalls mehr von Erfahrungen die Rede, welche die »tiefe Ironie« der Wirklichkeit offenbaren, sondern von Beschädigungen, die ein Erinnern schmerzhaft machen; Beschädigungen, die sich auch in die Gesichtszüge des guten Lesers eingeschrieben haben: »Eine hohe, schlanke Gestalt. – Wie die Augen brennen in dem verschlossenen Gesicht.« (297). Auch wenn für Poe – und wohl auch für die neu angekommenen guten Leser – »die Überwindung und Verklärung der düsteren Vergangenheit« (298) möglich bleibt, weicht hier schon die zuvor so scharf konturierte Front auf [97] –

DER FREMDE: Es scheint euch im Leben trefflich zu ergehen, daß ihr so leichtfertig über das entsetzliche Dasein urteilen mögt! (260)

Die zweite Frage nach dem Motiv für die Einführung einer Fremdstimme ins Elysium scheint mir zumindest für die *Dichtergespräche* verhältnismäßig einfach beantwortbar zu sein. Letztlich liegt der vom Fremden formulierte ›Eskapismus-Vorwurf‹ auf der Hand, und natürlich stärkt man die eigene Position, indem man mögliche Einwände sogleich entkräftet. Verstörend ist aber, daß diese Stimme im Werk immer wieder zu hören ist, manchmal Einwände gegen mißliebige Autoren formulierend:

[97] Insofern scheint mir die Äußerung Reemtsmas treffend, der in dem Fremden »eine Incarnation eben jenes Teils, der aus dem Ideal hinausgetrieben werden muß, damit es Bestand haben kann«, sieht. (*Nachwort* zu der Faksimile-Ausgabe der *Dichtergespräche*, S. 153)

Goethe. – Die Welt war Glück, war positiv [...] Wer unglücklich war, gequält war, hatte also Unrecht (Kleist, Grabbe, Hoffmann, etc.); noch mehr: er war wohl irgendwie schuldig, verdächtig, gezeichnet, zu meiden! [...]

Goethe, das ist die Angst vor dem Weltall, dem Leid der Kreatur, dem Tode, also (unerbittlich!): das ist die Flucht vor der Wahrheit. Daher letzten Endes sein majestätisch getarnter Abscheu vor den »krankhaften Sujets« in der Literatur.[98]

Auch wenn den Beschädigungen der »Urleidenden«[99] ab dem *Pharos* Rechnung getragen wird, wird gleichzeitig die Möglichkeit einer Transzendierung der Wirklichkeit immer beharrlich verteidigt, wobei in den verschiedenen Werkphasen unterschiedliche ›Möglichkeiten‹ ins Auge gefaßt werden. Der Versuch, aus ›der‹ Wirklichkeit in andere Wirklichkeiten zu entkommen, wird bis zuletzt angestrengt. Wird in den *Dichtergesprächen* noch die Existenz *anderer* Welten behauptet (»Von mancherlei Welten« ist das 7. Gespräch überschrieben), wobei eben »manche dieser Welten viel poetischer und schöner sind« (275), tritt in den Typoskript-Romanen zunehmend eine Umkehrungsfigur hervor: »die Welt der Kunst & Fantasie ist die wahre, the rest is a nightmare«.[100] Oder im *Abend mit Goldrand:*

A&O [...]: »Nur die Phantasielosn flüchtn in die Realität; (und zerschelln dann, wie billich, daran.)«
ANN'EV' (ohne ihn anzusehen): »Ist ›wie?‹ gemeint? – «.
EUGEN (d Antwort übernehmend): »Ich denke da an Norwegn: wenn man da so in den Stützpunktn saß – jahrelang; ohne Urlaub; (ohne Aussicht auf Kriegsende & Heimkehr); im Winter verschwand de Sonne, mittags schien der Mond – die ›einfachn Leute‹, also die gröblichstn Realistn, (die keinerlei ›Innere Ressourcen‹ hatten), die nüchternen WirklichkeitsMenschn: *die* fingen 's Saufn an; oder wurdn buchstäblich verrückt: Wir habm n halbes Dutzend nach Drontheim, in de IrrenAnstalt, abgeliefert; (per BatterieKutter). Ungeschädicht überlebm?: tatn nur die (so gern geschmähtn) Intellektuell'n; die Phantasie hattn; die mit Büchern zu lebm, oder sich sonst zu beschäftijn wußtn: war'n *viel*=zäher!«[101]

98 Erster Brief an Werner Murawski. In: *Wundertüte,* S. 140 f.
99 Zweiter Brief an Werner Murawski. In: *Wundertüte,* S. 143.
100 *Julia, oder die Gemälde.* BA IV/4, S. 14.
101 *Abend mit Goldrand,* S. 188.

Wenn Grete das Argument des Fremden vom »Betäubungsmittel«, das über das entsetzliche Dasein hinwegzutäuschen hilft, reaktiviert, ist die Immunisierung gegen diese Interpretation im *Abend mit Goldrand* soweit vollzogen, daß der angesprochene Eugen die Antwort schuldig bleiben und sie stehen lassen kann.

> GRETE (mit Nachdruck): »Und ich wiederhole Dir, was ich auch schon mehrfach gesagt habe: Der Mensch kann die aller Täuschung entkleidete Wirklichkeit nicht ertragen!: raubt ihm nicht seine Region phantastisch=erträumter Seligkeit und Vollendung; seine Zufluchtsstätte wider die Bitterkeiten der Gegenwart ...« – [102]

Der Einwand trifft einfach nicht: »die Phantasielosn flüchtn in die Realität«; von einer Flucht in »Kunst & Fantasie« kann keine Rede sein. Gerade beim Vergleich von A&Os/Eugens und Gretes Passage wird deutlich: Hier stehen sich zwei unversöhnliche Beschreibungen und Wahrnehmungen gegenüber; eine Annäherung ist nicht möglich.

So ist auch die Ablehnung zwischen Elysiumsbewohnern und Fremdem beidseitig; man trennt sich in Unfrieden, aber einvernehmlich.

> DER FREMDE *(aufspringend)*: Das halte ich nicht länger aus; wie ihr euch zurücklehnt und genießerisch die Augen schließt vor dem Geklimper – Komödianten – (261)

### 1.2.3 Utopia, die schöne gerundete Welt

Das Elysium ist ein heller, ein heiterer Ort – »wie glücklich sind wir, ach Öhlenschläger: in alle Ewigkeit!! – –« (273). Großprojekte, für welche die irdische Lebenszeit niemals ausreichen würde, können in Angriff genommen werden, die große Aufgabe der »Synthesis von Dichtung und Wissenschaft« (295) wird hier Stück für Stück verwirklicht. Bedingung für solche Produktivität ist neben der herausragenden Befähigung jedes einzelnen die ideale Zusammenarbeit und der immer respektvolle Umgang miteinander. Diese Harmonie im Elysium ergibt

102 ebd., S.54.

sich, wie anhand der Fremden-Episode gezeigt, auf Grundlage seiner Exklusivität.[103] Ein idealer Ort für alle, die an ihm teilhaben.

Es ist interessant, das Elysium für einen Moment als utopischen Raum zu denken, auch wenn natürlich eine notwendige Voraussetzung fehlt: das Elysium ist kein irdischer Ort (auch die ins Science-Fiction-Genre ragenden Utopien verorten sich zwar nicht auf der Erde selbst, aber auf *Erweiterungen* des irdischen Raumes). Zum einen manifestiert sich im Elysium die Kraft, die Ursprung der utopischen Vorstellungswelt ist:

> HOFFMANN: [...] – Aber verstehst du nun, Darwin, warum ich vorhin sagte: jene tiefste utopienbildende Kraft?! Die den Niels Klim genau so hebt und trägt wie den Robin Crusoe, Klopstocks Gelehrtenrepublik und die Reise zum Mittelpunkt der Erde! – Denn in fast allen der erwähnten Bücher ist als die einzig mögliche Form die der Utopie erkannt worden, der in sich geschlossenen, eigensten Welt. Dies ist das Höchste und Letzte, was zu sagen war! –
> [...]
> HOLBERG: Schon treten einzelne Sterne aus der tieferen Bläue des Himmels – du sagst es, Hoffmann, Utopia, die schöne gerundete Welt, der klingende goldene Ball. – Die tiefste Kraft. – (296)

Zum anderen scheint mir vor diesem Hintergrund ein Blick zurück auf *Die Insel* aufschlußreich. Auch dort war das Zusammenleben mit den »grossen toten aller zeiten und völker« (220) integraler Bestandteil der Utopie. Natürlich treten sie in den *Dichtergesprächen* in persona auf (auch wenn sie nicht ihren eigenen Text sprechen, sondern ihn von »Arno –« in den Mund gelegt bekommen) und leben vor allem miteinander und nicht im Austausch mit ihrem Leser.

Bemerkenswert ist, daß nicht wie in der *Insel* der Leser sie mitnimmt und sie einfügt in *seinen* Lebensentwurf, sondern daß sie einen Raum besetzen, den sie zwar nicht geschaffen haben, der aber schon immer

---

103 In *Tina oder über die Unsterblichkeit* fehlt beides: die Exklusivität wie die Harmonie. In diesem Dichterolymp in der Unterwelt ist die ›Unsterblichkeit‹ eine lang ausgedehnte Plage, deren einziger Lichtblick es ist, daß der/die einzelne Dichter(in) ins ersehnte Nichts eintreten kann, wenn oben auf der Erde die letzte Spur seiner/ihrer Existenz getilgt wird. »Offenbar handelt es sich nicht nur um eine Verkehrung oder Kontrafaktur der elysischen Situation, [...] sondern auch um eine Satire auf den gewöhnlichen Literaturbetrieb.« (Japp: *Rekapitulation der Weltliteratur*, S.173)

für sie da war, und ihren Leser zu sich erheben und ihm seinen Platz in ihrer Weltordnung zuweisen.

MOMMSEN: Ein wundersam trefflicher Einfall war es, der euch die guten Leser hier in unserem Eilysion ansiedeln hieß! [...]
WIELAND: Ihr könnt euch nicht denken, wie selig sie sind, hier unter ihren Göttern und Freunden, unsterblich wie wir. Und es steht ihnen frei, sich in der Stadt oder den wenigen Dörfchen ein Haus zu bauen, oder auch bei ihrem Lieblingsdichter die Bücherei zu pflegen oder den Garten –
FOUQUÉ: Vergiß nicht die Wächter und das Ingesinde auf Burg Wolkenstein – (264)

Neben den Vorzügen, die sich durch die Anwesenheit von Sekretären, Bibliothekaren, Gärtnern und Wächtern für die Hausherren zweifelsfrei ergeben mögen, ist der Grund für die ›Belohnung‹ und Erhebung der Leser(innen) auch das ›Nachwuchsproblem‹ im Elysium – »wie Wenige sind seitdem gekommen –!« (258). Auch sind sie immer noch »besser, als die neuen Dichter« (264). Aber auch der guten Leser gibt es nur noch wenige, auch sie unterliegen einer strengen Auswahl:

POE: [...] Immer wird es Menschen geben, die, kaum beirrt vom modernen Geschwätz, stets aufs Neue uns mit staunenden Sinnen und ehrfürchtigen Händen entdecken. Wer das nicht mehr vermag, ist allerdings verloren, aber auch keines bedauernden Atemzuges wert. (244)

Von zweien, »die gewiß kommen werden« (264), wissen Hoffmann und Fouqué zu berichten – und Wieland; haben sie doch an seinem Grab in Oßmannstädt gestanden (279).[104] Sie sollen alle drei recht behalten; im 12. Gespräch sind Poe und Stifter Zeuge der Wiedervereinigung eben jenes Lesers mit seiner Frau, die er »[n]ach manchem Jahr« (298) bei ihrer Ankunft im Elysium in die Arme schließen darf.
Was man außer Entdeckerfreude und Ehrfurcht noch braucht, um ein guter Leser zu sein, benennt Wieland im 8. Gespräch (»Von der

104 Der Beleg für eine Reise des Ehepaars Schmidt zu Wielands Grab in Oßmannstädt im Mai 1939 findet sich in »Wu Hi?«, S. 124.

Form«), im direkten Anschluß an Fouqués ›Dia-Vorführung‹: »Ich denke mir, daß ein guter Leser so etwas sehen dürfte, wenn er den Zauberring in der Hand hat« (281). Er muß sich also die erzählte Welt gegenwärtigen, muß die »ganz seltsame Durchdringung der Zeiten« (282) empfinden können. Aufgabe eines guten Dichters ist es, diese Empfindung durch die geeignete Form im Leser zu stimulieren (»Man kann nun ja auch durch die Form allein Grade der Gegenwart erzwingen« (ebd.)). Mit ›Gegenwärtigung‹ ist aber keinesfalls im Sinne von Modernisierung ›in die eigene historische Gegenwart setzen‹ gemeint; die gemeinte Bewegung ist schon aus der *Insel* bekannt: der Bibliothekar geht zurück in die vergangene Realität Rudbecks (und eines längst vergangenen Erdzeitalters), erweckt sie zu neuer Präsenz und lebt in ihr. Diese Form der *erlebten* Vergangenheit nennt die Poe-Stimme die »absolute Gegenwartsform« (ebd.). So geht auch in den *Dichtergesprächen* der Weg des Lesers über die Gegenwärtigung der Vergangenheit in den utopischen Raum.

> WIELAND: [...] hier handelt es sich um Versenkungen zu weit höherem Zweck. [...]
> FOUQUÉ: Die Geschichte soll Gegenwart nicht werden, sondern der Leser soll Vergangenheit sein. – Versteht ihr mich? Es handelt sich darum, Leser und Historie *in die gleiche Erlebnisebene* zu bringen; das muß dadurch geschehen, daß der Leser zurückgeht, nicht, daß er die Geschichte zu sich heranzerrt – modernisiert, wie man sagt. (265; Hervorhebung MB)

Ausgangspunkt des Übergangs in den utopischen Raum ist also in beiden Texten die Gegenwärtigung eines Textes; der Unterschied besteht darin, daß die beiden Leser(innen) in den *Dichtergesprächen* den Ort nicht mehr schaffen, sondern nur noch an ihm teilhaben, auf der unteren Stufe der ihnen zukommenden hierarchischen Struktur.

Ein wichtiger Unterschied zu der *Insel* ist aber die Einsetzung eines ›Welterzeugers‹ auf der Ebene der Vorrede/Widmung. Der sich als Autor der nachstehenden Gespräche zeigende »Arno –« erzeugt mit dem Text eine Welt um sich und seine »Alice« herum; auch er zieht mit seiner anderen Literaturgeschichte »einmal die Summe seiner Kenntnisse« (256).[105] Das Handwerkszeug zur Welterzeugung (und damit auch die erzeugte Welt) hat sich freilich geändert: war es in der *Insel* noch Hammer und Hobel, ist es hier das Schreibgerät –

> und schon entsteht wieder um uns unsere Welt: wie sollten wir uns nicht Alles sagen?!
> Und nun komm; du wirst in guter Gesellschaft sein. Gut – weißt du, was das ist?
> Schwarz und Rot –
> Siehst Du: Nur wir Beide – – – – (241)

Betont wird wiederum die Einsamkeit in der Zweisamkeit: »Wir sind allein zusammen, ganz allein in unserer Welt« (ebd.). Auch die Rollenverteilung innerhalb der Zweisamkeit läßt sich aus der Vorrede/Widmung entnehmen. Die Frau als Zuhörerin und Projektionsfläche, wie in der *Insel* eingeführt, findet hier ihre Fortsetzung: »– aber du wirst mich verstehen und *nur* Du« (ebd.; Hervorhebung MB).

---

105 An dieser Stelle spricht die Defoe-Stimme eine Passage aus der *Insel* (dort: S. 235). Damit bestätigt der (fiktive) Autor des *Robinson Crusoe* natürlich en passant die Gültigkeit von Schmidts Bearbeitung des Stoffes. Es lassen sich mehrere solcher ›Selbstzitate‹ in den *Dichtergesprächen* finden: S. 244 (*Die Insel*, S. 187) und S. 280 f. (*Die Insel*, S. 206 f.; *Die Wolkenlampe* ist laut Anhang zur BA I/4, S. 656 bereits vor 1935 entstanden und an Hermann Hesse gesandt worden).

## 1.3 Der junge Herr Siebold, Das Haus in der Holetschkagasse, Der Garten des Herrn von Rosenroth

Alice Schmidts Bezeichnung »3 Elementargeistererz[ählungen]«[106] verweist auf eines der wichtigsten Motive der Texte *Der junge Herr Siebold, Das Haus in der Holetschkagasse* und *Der Garten des Herrn von Rosenroth,* das Motiv, das vermutlich Schmidt zu der Etikettierung »‹Märchenserie› – a la Hoffmann & Tieck« (636) veranlaßte. In der Rückschau auf *Die Insel* und *Dichtergespräche im Elysium* stellt das Auftauchen von Elementargeistern schon eine veränderte Strategie des Entkommens innerhalb der *Juvenilia* dar: Ist in den ersten beiden Texten der Schauplatz des geglückten Entkommens ein weit entfernt der bürgerlichen Welt liegender *Ort,* repräsentiert die Welt der Elementargeister ein ›Elysium‹, das sich hinter der Fassade der Bürgerlichkeit verbirgt. Alle drei (männlichen) Zentralfiguren der Elementargeister, Jan van der Meer/ Aziabel (*Siebold*), Rabensteiner/Rure (*Holetschkagasse*) und Rosenroth (*Rosenroth*), treten inkognito auf, auch wenn sich die beiden letzten relativ schnell dem jeweiligen Studenten zu erkennen geben.

### 1.3.1 Der Auftritt der Elementargeister

Der erste Elementargeist des Schmidtschen Œuvres, Aziabel, wird von der titelgebenden Figur Friedrich Siebold auf die Szene gerufen, auch wenn er selbst nicht so recht an seine Beschwörung glauben kann: »Über sich selbst lächelnd, sprach er den Namen des Geistes rufend aus, und neigte ironisch horchend den Kopf« (305).[107] Deswegen stellt er auch keinen Zusammenhang zu dem kurz darauf erscheinenden Jan

---

106 Nachwort zur *Wundertüte,* S.213. Gemeint sind laut dem Herausgeber der *Wundertüte,* Bernd Rauschenbach, *Das Haus in der Holetschkagasse, Der Garten des Herrn von Rosenroth* und *Die Fremden.* Die Nennung der *Fremden* erstaunt etwas, da in diesem Text Elementargeister eine untergeordnete Rolle spielen (Ausnahme: Die Beschreibung der Sonnenfrau, S.502). Auf die Erzählung *Der junge Herr Siebold* würde das Etikett hingegen passen.
107 Anders als die folgenden Elementargeister entsteht der erste Eindruck von Aziabel nicht aus der unmittelbaren Erfahrung, sondern durch Siebolds Lektüre Paracelsus': »Aziabel ist ein Fürst der Gewässer und unterirdischen Schätze; er erscheint gewöhnlich mit einer Perlenkrone auf dem Haupte, und kann reiches Wissen mitteilen ....« (S.305) – alle angegebenen Charakteristika werden im Text eingelöst.

van der Meer her. Dieser hilft in der Folge die »liebliche wunderliche Welt« (316) des kleinen mittelalterlichen Städtchens gegen die heraufziehende Horde von »Mordbrenner[n] und -senger[n]« (315) zu verteidigen, um nach getaner Tat weiterzuziehen, nicht ohne vorher – ganz herbeigerufener Geist – noch etwas Unglück zu stiften. Daß der Elementargeist des Wassers zur rechten Zeit am rechten Ort ist, um die Stadt vor den ›Mordbrennern‹ zu beschützen, mag als Zufall durchgehen. Offensichtlich ist aber ihr Anführer für ihn ein alter Bekannter: »Ein feiner Kopf, unser Freund Feuermann, aber es könnte sein, daß er sich verrechnet hat« (324). Ebenso eindeutig wie Aziabel/Jan van der Meer mit dem Element des Wassers in Verbindung gebracht wird[108], greift sein Kontrahent zu den ihm eigenen Waffen – »Die Buben legen Feuer an unsere Häuser!« (ebd.). Die Beschreibung der rohen Häßlichkeit des »roten Recken« (323) und seiner Mannen dient offensichtlich dazu, keinen Zweifel über die Rechtmäßigkeit ihrer vollständigen Zerschlagung aufkommen zu lassen.[109]

Zwischen den beiden Fahnenträgern schritt ein wüster Riese, mit verfilztem rotem Haar über dem spitzen Fuchsgesicht, und von so ungefügem Gliederbau, wie Friedrich noch nie zuvor gesehen hatte; ein zerfetzter rauchblauer Kittel hing um seine Schultern, und in dem Strick, den er statt eines Gürtels trug, stak ein kurzes, grell geflammtes Schwert. Der breite, fast lippenlose Mund ließ beständig die starken, gelben Zähne sehen, was dem vertierten Gesicht den Anschein eines unaufhörlichen teuflischen Lachens gab. (321 f.)

108 Neben dem sprechenden Namen Jan van der Meer, umgibt er sich mit an Wasser erinnernden Accessoires: Er trägt eine »gesteifte Krause, deren zierliche gefiederte Falten wie zarter Wasserschaum um sein [...] Gesicht wogten« (S. 307), er bewohnt ein Haus namens »‹zum Meerwunder›« (S. 314) und seine Lampe hat die Form eines aus einer Woge springenden Delphins (S. 320). Er spricht mit dem Wasser eines Brunnens (S. 315) und auf sein Handzeichen setzt der rettende Regen ein (S. 324).
109 In der einen Tag vor dem Kampf abgehaltenen Ratssitzung erhebt sich nur eine schwache Stimme, die ein anderes Vorgehen vorschlägt: »[Böttcher] hatte nicht übel Lust, die Anknüpfung von Verhandlungen vorzuschlagen, aber er wurde, Gottlob, fast einmütig überstimmt« (S. 313). Den Grund für das einmütige Zurückweisen dieses Vorschlags liefert Leubelfing gleich hinterher: »Also den Helm aufs Haupt, Friedrich, und wenn Alle so ihren Mann stehen wie wir, wird der grause Tanz bald ein Ende gefunden haben« (ebd.). Der Mythos vom Sieg der ›Tapferen‹ und ›Gerechten‹ geht im *Siebold* am Ende auf. Während die Geißler »schier unglaubliche Verluste« (S. 326) erlitten haben, haben die Stadtbewohner keine Toten und nur einige Schwerverletzte zu beklagen. Für die große Anzahl der Leichtverletzten ist »die Nachricht des vollkommenen Sieges [wirksamer] als jede Arznei« (ebd.).

Die dem Feuer ergebenen Geißler ziehen brennend und mordend durch die Welt und werden ihrerseits mit Hilfe des Wassers zerstört. Dies deutet auf das destruktive Potential auch des anderen Elements. Der alte Jensen, der mit Aziabel schon einschlägige Erfahrungen gesammelt hat, warnt Siebold ausdrücklich vor der »Nebel- und Wasserhölle« (345).[110] So bleibt Aziabel eine ambivalente Figur, von der sich Friedrich Siebold ebenso abgestoßen wie »seltsam [...] angezogen« (352) fühlt. Er ist dem Fremden zwar für seine Hilfe, insbesondere für die Rettung seines Lebens (325), dankbar, andererseits ist ihm von Anfang an »nicht recht wohl in seiner Nähe, obgleich er fesselnd und belehrend zu erzählen verstehen mag« (317). Diese Spannung zwischen Bewunderung für das »reiche Wissen« (305) und Furcht vor der Macht der fremden Wesen, bestimmt das Verhältnis zwischen Mensch und Elementargeist weit über den *Siebold* hinaus, auch wenn nirgends in den *Juvenilia* so scharf konturiert wie hier.[111] Stets sind die Elementargeister »von ungewöhnlich hoher und schlanker Gestalt« (307), so daß sie ihr jeweiliges menschliches Gegenüber schon physisch überragen.[112] Bezüglich ihres Wissens sind sie dem Menschen so unangefochten überlegen, daß die beste Möglichkeit scheint, über den dargebotenen Reichtum neuer Perspektiven und Erkenntnisse zu staunen.

> »Sie wundern sich, Öflin? Nur immerzu; Sie werden sich noch über viel wundern müssen, junger Mann. – Ihr Menschen wundert Euch überhaupt viel zu wenig; aber Sie scheinen immerhin ganz leidliche Anlagen zu haben. – Hm!« (402)

Die Elementargeister selbst sind sich, wie in obigem Zitat Rure, ihrer Überlegenheit stets bewußt und können es sich nicht immer verkneifen, dies das menschliche Gegenüber spüren zu lassen, sei es in Form von Verachtung (»Menschlein!« (325)) oder von Mitleid: »ach so, ja – ihr Menschen müßtet eigentlich immer weinen – der Schatten von einem

---

110  vgl. *Leviathan.* In: BA I/1, S. 53: »Eisiger Nebel wallt auf, schluchthoch. (Hel, die Wasserhölle.) Es hellt noch nicht.«

111  Diese Ausnahmestellung des *Siebold* hängt sicherlich mit der Motivierung der Entscheidung Siebolds gegen das Geschenk Aziabels und damit auch gegen das von ihm repräsentierte Reich zusammen. Vgl. dazu 1.3.3.

112  So hier Aziabel Friedrich Siebold; zur Körpergröße Kanzis vgl. S. 394 und S. 401 zur Körpergröße Rures/Rabensteiners (*Holetschkagasse*). Auch Theodor von Rosenroth hat eine »hohe ungemein hagere Gestalt« (S. 446).

Traum –.« (426). Die beiden Studenten Peter Öflin (*Holetschkagasse*) und Christian Wicht (*Rosenroth*) wissen nur zu genau, wie erbärmlich sie gegenüber den großen Geistern dastehen und so sind sie denn dankbar, überhaupt in den Haushalt (zunächst nur als Angestellte) aufgenommen zu werden – »und hätte er auf den Steinen des Flures schlafen müssen, oder vor der Haustüre, er hätte es freudig getan« (407). Peter Öflin verdankt seine Anstellung als Mädchen-für-alles in der Elementargeisterherberge des Professors Rabensteiner alias Rure seinen – im Vergleich zu Kommilitonen – überdurchschnittlichen Kenntnissen. In einer Prüfung über Logarithmen kann er derart glänzen, daß danach »selbst Rabensteiner und die Distel [...] in angeregtem Gespräch« (398) versunken sind; das seinem Freund gestellte Thema »Über Satasipes den Achämeniden und Karchedons Teilnahme an den Perserkriegen« (397) hätte er gewiß auch zu handhaben gewußt. Ebenso beeindrucken kann er auch die Tochter des Hauses, Ecila, die aufmerksam zuhört, »wenn er begeistert von Cervantes und Shakespeare oder auch neueren Büchern, etwa dem ‹iter subterranum Nicolai Klimii› erzählte« (426f.) – hat sie doch selbst nur »wenig gelesen« (426). Außer dem Mädchen damit imponieren zu können, hilft sein Wissen in der Holetschkagasse ihm zunächst nicht sehr viel weiter. Dort gilt es die verschiedenen wunderlichen Gäste ihrer Art entsprechend zu versorgen, das heißt vor allem ihre Kleidung und ›Werkzeuge‹ in Ordnung zu halten. Bis auf die zu spät kommenden »drei Kurier- und Leibmeteoren« (416) Liljestraal, Fracastjorm und Magmaton sind alle Gäste ›Wetterspezialisten‹. Bei einer Hausführung wird Öflin mit den Bewohner(inne)n der einzelnen Zimmer bekannt gemacht: Das erste Zimmer bewohnen Zeydenglantz, Leilemun und Silverström, allesamt für die Morgen- und Abenddämmerung zuständig und entsprechend die ersten, denen Öflin am Morgen begegnet. Fünfzehn Schneeflocken, – »kaum handgroßen Wesen in zackigen silbernen Röckchen« (403) – von denen nur drei mit Tire, Heile und Glibri benannt werden,[113] bevölkern das zweite Zimmer. Bewohner des dritten Zimmers ist eine Gewittergruppe; der blitzschnelle Sizisso, der dicke graue Halidaura sowie Herr Gaza und Fräulein Pheugma, deren »kühle fast feuchte Finger« (405) Öflin kurz drückt.[114]

---

113 Diese drei Namen werden in die veränderte Fassung des *Rebells* in die *Wundertüte* eingefügt: »emsig und übermütig tollten die Weißröckchen durcheinander, Heile, Tire und Glibri, und setzten sich mit baumelnden Silberbeinchen auf die winzigsten Ecken und Vorsprünge« (*Wundertüte*, S. 48). Vgl. demgegenüber BA I/4, S. 366f.
114 Diese Gewittergruppe treibt noch in *Zettel's Traum* ihr Unwesen. Vgl. beispielsweise *Zettel's Traum*, ZT 547f. Eine genaue Auflistung und Einordnung der Elementargeisterauftritte in *Zettel's Traum* findet sich in: Jan-Frederik Bandel: *Donners Tage*.

Bei einem Gang durch das Städtchen Krumau zeigt sich Herr Gaza besonders an den Dächern und Regenröhren der Häuser interessiert (411) – man ist halt immer im Dienst.[115] Am Morgen entdeckt Öflin vor dieser Zimmertür die aus »nebelbleiche[m] Stoff« (409) gefertigte Kleidung der Neuankömmlinge Quasor und Gwundel. Die beiden Bewohner des letzten Zimmers, Tropeina und Alianur,[116] verwirren den Studenten mächtig, bis der Hausherr die beiden Geister zur Ordnung ruft: »es ist alles Wind – purer Wind und Lufterscheinung – aber verwirrt mir den braven Öflin nicht noch einmal; denn er gehört gewissermaßen mit zu uns, wenn er hier den Haushalt führen soll, und laßt mir ihn künftig fein unverzaubert –!« (413).

Auch Christian Wicht wird offensichtlich aufgrund seiner Bildung als Hauslehrer von Herrn von Rosenroth eingestellt, um die Wissenslücken des Sohnes Puck in den Fächern Latein, Griechisch, Hebräisch, Astronomie und Mathematik zu schließen; auf den Gebieten des Pflanzen- und Tierlebens freilich reicht das des Kindes »weit über sein eigenes Wissen hinaus« (451). Anders als in der mit Wettergeistern bevölkerten *Holetschkagasse* hat es Wicht vor allem mit Angehörigen der Pflanzenwelt zu tun. Sein Arbeitgeber Rosenroth zeigt sich besonders dem Zittergras verbunden, Sohn Puck will gegen einigen Widerstand des Vaters ein Pilz werden, und Tochter Elv sitzt bevorzugt »neben ein paar artigen Gänseblümchen« (455). So wird der Student bei seiner Ankunft auch auf das rechte Verhältnis zur Botanik eingeschworen.

> »Wicht!« sprach er undeutlich und tiefsinnig, »ich vereidige ihn hiermit auf den grünenden blühenden Mondschein und die Vergeistigung und Erhöhung alles Elementarischen, zumal des Wassers und der seltenen Erden: das ist's! Das wahre Glück sive Unsterblichkeit ist durch pflanzlichte [sic] Eilysiontik; Früchte tragen heißt ja nur weitergeben – [...]« (447)

115 Dieser Herr Gaza wird dem ›Schmidt‹ der *Brand's Haide* durch den geheimnisvollen Alten bei einer Begegnung im sagenhaften Waldstück vorgestellt: »» – – ach: Herr Gaza –‹ stellte er den dünnen Grauen an seiner Seite vor: wir drückten feuchte Hände und lächelten verworren und mißtrauisch.« (*Brand's Haide.* In: BA I/1, S. 172) Von hier aus ist auch die Überlagerung der niedersächsischen Landschaft mit dem böhmischen Städtchen Krumau in *Brand's Haide* erklärbar: sowohl der Elementargeist, wie die Ortsbezeichnung weisen – für die zeitgenössischen Leser(innen) nicht zu erkennen – auf die Vorstellungswelt der *Holetschkagasse* zurück. Vgl. hierzu auch Bettina Clausen: *Der Heimkehrerroman.*
116 Die in der Bargfelder Ausgabe verwendeten Namen Trogeina und Aliomux beruhen auf einem Lesefehler der Herausgeber.

Beim Besuch des mit Rosenroth befreundeten Mälan, der im bürgerlichen Leben als Chemiker/Alchimist Dr. Wilde agiert, zeigt sich, daß Wicht das Wesentliche noch zu lernen hat.

> Bei den Tieren mag es Euch noch am glaubhaftesten erscheinen, aber schon bei den Pflanzen meint ihr Seele und Geist leugnen zu müssen, wahrscheinlich, weil sie nicht Tarock spielen, Burschenschaften gründen, oder artig mit Euch dahlen, wenn ihr zufällig einmal melancholisch und leutselig gestimmt seid. [...]
> Denken Sie nur einmal recht darüber nach, wie die zierlichsten und mächtigsten Lebewesen dieses Sterns die feinsten, untrüglichsten Organe für Schwerkraft und Licht haben. [...] Edlere Wesen sind es: Menschen verwesen, aber Pflanzen ergolden!! (460)

Trotz dieser kleinen ›Nachhilfestunde‹ bleibt Mälan unnahbar, spricht mit »unerbittliche[r] Stimme« (459), »blinkte boshaft auf« (ebd.) bei jeder unqualifizierten Nachfrage und »sein Lachen fuhr ihm wie ein Speer aus dem schmalen Munde« (460). Von seinem Gegenüber scheint er nicht viel zu halten, nicht im speziellen – »Augen sind gut –« (ebd.) –, aber allgemein stehen die Menschen eben nicht hoch im Kurs. Sehr viel freundlicher begegnet dem Studenten Professor Seidenschwarz, seines Zeichens Spezialist für Wolken. Wie in den *Dichtergesprächen* gibt es auch unter den Elementargeistern ein ›Nachwuchsproblem‹, wie der Auftritt des eitlen Herrn von Hellagrün allen Anwesenden deutlich vor Augen führt (461 ff.). Damit steigen die Zulasssungschancen des belesenen und lernbegierigen Wicht natürlich. Vor der endgültigen Aufnahme in die Rosenrothsche Familie offeriert Seidenschwarz ihm eine ›gehobene‹ Position.

> »Hören Sie, Wicht – es gibt eine Möglichkeit –« er griff spielend in das kalte stumme Licht und fuhr wie beiläufig fort: »Sie wissen ja selbst, daß Sie schlecht da unten –« er deutete nachlässig mit der Schulter rückwärts zum Städtchen, »– hin passen, und wir brauchen Leute; dringend! Nun, sehen Sie es sich selbst erst einmal an, aber –,« er war aufgestanden und legte Christian die Hand schwer auf die Schulter, indem er ihn ernsthaft und freundschaftlich anblickte, »– es wäre bestimmt das Beste für Sie! Und Sie könnten es weit bringen; vielleicht stünden Sie einmal selbst –«. (475 f.)

Was folgt, ist der im *Abend mit Goldrand* wieder aufgegriffene Ausflug auf die Wolkeninsel.[117] Die Wolkeninsel zeigt sich dem Besucher als kleines Städtchen, in der in verschiedenen Geschäften Wetterzubehör erstanden werden kann; sozusagen der ›Heimatplanet‹ der Wetterspezialisten der *Holetschkagasse*. In der Buchhandlung des Ortes kauft Seidenschwarz Wicht ein »Handbuch aller selbständigen Wolkeninseln« – »Sie müssen doch eine Erinnerung haben« (480). Ein Fährmann setzt Wicht sicher in seinem Nachen vor der Rosenrothschen Haustür ab, während Seidenschwarz noch in Sachen ›Weiße Weihnacht‹ unterwegs ist. Weil Christian Wicht sich ebenso wie Peter Öflin in die Tochter des Hauses verliebt hat, kann er das Angebot nicht annehmen, sondern greift auf die altbewährte Strategie des sozialen Aufstiegs durch Heirat zurück.

## 1.3.2 *Verlagsort: Eilysion*

Alle Texte des *Juvenilia*-Konvoluts (außer dem *Pharos*) tragen die Widmung »für Alice«. Ab der Märchenserie erscheint zusätzlich auf dem Titelblatt jeweils die Angabe eines fiktiven Verlages und Erscheinungsortes (vgl. Anhang, S. 660 ff.): »Der junge Herr / Siebold / Eine Erzählung aus der / alten Zeit / von / Arno Schmidt / Im Frühjahr 1941 / 3 Mohren-Verlag / Eilysion«.[118] Bis zum Ende des Krieges gibt es keine Nachweise dafür, daß Schmidt versucht hätte, seine *Juvenilia*-Texte bei einem anderen als dem fiktiven ›3-Mohren-Verlag‹ unterzubringen und

---

117 Diese Passage des *Rosenroth* ist ohne große Veränderung in *Abend mit Goldrand* (Bild 52, S. 284 ff.) eingegangen; statt Seidenschwarz und Wicht unternehmen im *Abend mit Goldrand* A&O und Ann'Ev' den Ausflug auf die Wolkeninsel. Vgl. dazu: Sabine Kyora: »*Diesem Mann einen Generalshut*«. Mit der Wiederaufnahme der ›Wolkenreise‹ wird in *Abend mit Goldrand* eine Utopie, ein Versprechen, eine Möglichkeit zu entkommen »zugleich aufgerufen und verweigert« (Jan-Frederik Bandel: *Zauberpapier*): Das im *Rosenroth* offerierte Angebot ist im Spätwerk nicht mehr wiederholbar.
Das Bild der Wolkeninsel ist Wielands *Zemin und Gulindy* entliehen: »Er brachte sie auf einer Silberwolke / In eine Insel, die, dem Blick der Schiffer / Verborgen, unter ew'gen Wolken ruht.« (*Zemin und Gulindy*, S. 86). Diese Stelle findet sich in *Die Umsiedler*. In: BA I/1, S. 270 zitiert. Ich danke Jan Bandel für diesen Hinweis.
118 Die Schreibweise des ›3 Mohren-Verlages‹ variiert geringfügig. Für die *Holetschkagasse* wird ein »Kleinvölkelverlag« angegeben. *Die Fremden* und *Mein Onkel Nikolaus* haben nur die Verlags- aber keine Ortsangabe.

sie damit mehr Leser(inne)n als seiner Frau zugänglich zu machen. Vor dem Krieg, etwa im Juni 1934, hatte Schmidt auf Anraten seines Schulfreundes Heinz Jerofsky je ein Gedicht an Hermann Hesse und Hermann Stehr geschickt. Beide boten aber nicht die erhoffte Unterstützung an, sondern schickten nur einen kurzen, unverbindlichen Gruß zurück.

> Unter dem 6.8.34 schrieb Hermann Stehr, der die volle Unterschrift Arno's nicht richtig entziffern konnte und den Brief an »Herrn Handschmidt« adressierte: »Sehr geehrter Herr, empfangen Sie herzlichen Dank für Ihr schönes Gedicht. Mit deutschem Gruß Ihr Hermann Stehr.« Sonst nichts.
> Arno war sehr enttäuscht und verbittert. Er übergab mir die beiden Schreiben mit dem Bemerken, ich solle mit ihnen machen, was ich wolle. Ich habe sie natürlich aufbewahrt.[119]

Es scheint, als habe sich der Autor mit der Setzung eines elysischen Verlagswesens vor solcher Zurückweisung zu bewahren versucht. Über den Kniff, die Wirklichkeit mit der Schreibfeder in der Hand umzugestalten, schreibt er am 24.4.1935 an Heinz Jerofsky:

> Siehe, ich verrate dir mein letztes Geheimnis: –
> Und wenn ich den dümmsten Brief an irgendeinen Kunden schreibe, so brauche ich nur einem Buchstaben eine kleine Drehung mit der Feder zu geben, und er ist auf einmal ein Fisch geworden und schwänzelt davon und erinnert in einem Augenblick an Flüsse und Bäche, an den Ozean Homers und alles Kühle und Feuchte in der Welt. – […]
> Denn ich bin ein großer Zauberer! Dies ist meine Geschichte von der goldenen Spur; suchet, so werdet ihr finden![120]

Auf der Ebene der Textproduktion, parallel zum erzählten Eintritt in die Welt der Elementargeister, läßt sich also anhand des Motivs der ›3-Mohren‹ eine ganz andere Methode des Entkommens beobachten. Die ›3-Mohren‹ haben nicht nur dem Verlag als Namensgeber Pate gestanden, sie hinterlassen auch Spuren in jedem einzelnen der Märchen-

---

119 Heinz Jerofsky: *Erinnerungen an Arno Schmidt.* In: »Wu Hi?«, S.49.
120 »Wu Hi?«, S.66f.

texte.[121] Auch in den *Dichtergesprächen* »klaspern [sie] ungeduldig« (276) und erwarten aufgeregt die Ankunft der beiden guten Leser im Elysium. Im *Siebold* kommen »zur Nacht aus [s]einem Hause drei winzige putzige Mohren herausgeklaspert« (314); es sind doch wohl dieselben drei, die im *Rosenroth* eine Torte zieren (443) oder in den *Fremden* mit dem Umzug durch die Stadt ziehen (567). Da ihnen keine erkennbare ästhetische Funktion zukommt, nehme ich an, daß ihre wiederkehrende Montage in die Texte ein Zeichen darstellt, das nur den auf lange Zeit einzigen beiden Leser(inne)n verständlich war.[122]

> Sie hatten sich nur daran gewöhnt, Alles mit anderen, nur ihnen beiden vertrauten Worten zu bezeichnen, und es darin so ergötzlich weit gebracht, daß ein Fremder wohl schwerlich ihre übrigens meist äußerst treffenden obwohl auf den ersten Blick wunderlichen Namen erraten hätte. (317)

Ein wichtiger Punkt scheint mir, daß die Ebenen der Textproduktion und die der erzählten Welt im Text über das Motiv ›3 kleine Mohren‹ miteinander verzahnt werden. Eine Verzahnung läßt sich auch zwischen den verschiedenen erzählten Welten auffinden. Im *Rosenroth* ist auf der Wolkeninsel eine Straße nach einem der Gäste im *Haus in der Holetschkagasse* benannt: »– aber im Leilemungäßchen gibt es Eiszapfen« (477); ein schöner Name, war doch »Freund Leilemun« ein besonderer Liebhaber »solch verworrene[r] Winkel und Gäßchen« (408), während sich seine beiden Kollegen mehr für Wiesen oder Gewässer zuständig fühlten. In der *Holetschkagasse* dagegen gibt es ein Gäßchen, das den gleichen Namen trägt wie die Hauptfigur in den *Fremden* (»Flickgäßchen« (389)). Das Buch, das Friedrich Siebold gerade seiner Frau vorliest (318), taucht im Antiquariat der *Holetschkagasse* wieder auf (392). Das von Windhold im *Siebold* geführte Wettertagebuch – mit besonderem Au-

---

121 Die Spur der ›Drei kleinen Mohren‹ läßt sich auch im Nachkriegswerk finden: »*(Er [Karl] hatte über seinem Sitz* 3 *bunt gekleidete Mohren hängen, denen er mit großer Achtung begegnete; auch wechselte er bei schwieriger Straße gern einige Worte mit ihnen).«* (*Das steinerne Herz.* In: BA I/2, S. 56).

122 Im Materialband zu *Seellandschaft mit Pocahontas* findet sich nebst einem weiteren Hinweis auf die drei kleinen Mohren (»Mohren waren, ganz gut in Gummihaut etc verpackt, das 1. × mit.«, S. 199) folgende Erläuterung der Herausgeber: »Gemeint sind drei aus einer Pralinenschachtel ausgeschnittene [...] »Sarotti«-Mohren (vgl. Juvenilia)« (ebd.). Zum Motiv der ›drei kleinen Mohren‹ vgl. auch Giesbert Damaschke: *Drei Mohren klaspern durchs Eilysion.*

genmerk auf die Veränderung der Wolken (332 f.) – wird von Seidenschwarz im *Rosenroth* weitergeführt (461 f.), selbst das Geigenspiel des Windhold (329) wird vom Seidenschwarz im *Rosenroth* weitergeführt (461 f.). Die Idee, ein Wettertagebuch zu führen, stammt ihrerseits vom Hoffmann der *Dichtergespräche*: »Ich möchte, daß sich einmal jemand die Mühe machte, derart über das Wetter ein Tagebuch zu führen« (249). Die Bezugnahme auf Hoffmanns *Goldnen Topf* zieht sich wie ein Faden durch die Märchenserie. Schon ›Arno Schmidt‹ hatte in *Die Insel* das Manuskript in diesem Hoffmannschen Märchen gefunden. Der Untertitel des *Siebold* spielt offensichtlich auf den Untertitel Hoffmanns »Ein Märchen aus der neuen Zeit«[123] an, obwohl es vielmehr die nachstehenden Texte *Holetschkagasse* und *Rosenroth* sind, die an den *Goldnen Topf* erinnern.[124] Die Bezugnahme auf Hoffmann ist aber für das Literaturkonzept der *Juvenilia* nicht so aufschlußreich wie die Wiederholung kleiner Motive, deren Sinn sich mitunter (›3 kleine Mohren‹) nicht aus den Texten erschließen läßt.

### 1.3.3 Zurückweisungen

In allen drei Texten der Märchenserie steht eine Zurückweisung an zentraler Stelle: Im *Siebold* weist Friedrich Siebold das Geschenk des Fremden zurück und überläßt es seinem Freund Leubelfing. Peter Öflin wird in der *Holetschkagasse* nach einer Annäherung an Ecila von Rure des Hauses verwiesen. Sogar zwei Zurückweisungen bestimmen den Verlauf im *Rosenroth;* Elv von Rosenroth verhält sich gegenüber Christian Wicht abweisend (auch wenn sich dieses Verhalten am Ende aus ihrer Unsicherheit erklärt) und der eitle Herr von Hellagrün wird nach einem längeren Gespräch der Gruppe der Familienmitglieder und ihrer Freunde verbannt. Im folgenden werde ich die Ausprägungen der verschiedenen Zurückweisungen darstellen; jede einzelne deutet auf die jeweilige Methode des Entkommens.

123  E. T. A. Hoffmann: *Der goldne Topf.*
124  So weit wie Stefan Gradmann würde ich nicht gehen, der die Verbindung zu Hoffmann sehr viel stärker betont: »vermeint man doch über weite Strecken tatsächlich eine Erzählung von E. T. A. Hoffmann zu lesen«. (*»Das Haus in der Holetschkagasse« – ein Nachtstück,* S. 159). Körber dagegen weist zu recht auf die unterschiedlichen poetischen Verfahrensweisen hin. (*Arno Schmidts Romantik-Rezeption,* S. 53–75).

Das Geschenk, das Aziabel Siebold durch Leubelfing überbringen läßt, ist so kostbar, daß es Leubelfing nur unter großer Überwindung seinem Freund aushändigt. Der kleinen Flasche ist ein Zettel angehängt: »Der Trank verleiht einem Menschen ewige Jugend« (353). Die Versuchung, es anzunehmen, ist auch für Siebold groß. Doch dann vergegenwärtigt er sich, daß er des Geschenkes in der Tat nicht bedarf, wie Aziabel schon gemutmaßt hatte (352). Er verfügt selbst über die Zeit: »›Ewige Jugend‹ – dachte es noch einmal aus weiter Ferne, listig und schwermütig, und wie er das Wort aussprach, war die Zeit verwandelt« (354). Es folgt eine Erinnerungs-Sequenz aus seiner Kindheit, die ihm ohne Hilfsmittel seine Jugendzeit verfügbar macht.[125] Daß er die Verwaltung seiner Erinnerung beherrscht, hatte sich schon an früherer Stelle gezeigt.

> [F]ür einen Augenblick wollten die trüben Bilder der letzten Stunden sich gewaltsam in seine Erinnerung drängen, aber er wollte sie vergessen und es gelang ihm wie stets, sie zu unterdrücken. (335)[126]

Ein Grund mehr für die Zurückweisung des Geschenks ist Siebolds Mißtrauen gegen die durch Aziabel repräsentierte Welt, das sich, nachdem er Jensens Geschichte gehört hat, offensichtlich vertieft. Zu deutlich war aus ihr geworden, daß der Kontakt zu der fremden Welt nicht ohne Gefahren für die eigene Unversehrtheit sei. Wie verderblich sich der Reichtum des Fremden auf einen Menschen auswirken kann, zeigt sich nicht zuletzt an Leubelfing, dessen freundliches Wesen im Angesicht eines Trankes, der ewige Jugend verspricht, in Haß und Gier umschlägt.

125 In der Kindheitserinnerung auf S. 354 ff. läßt sich ein ›Zeitsprung‹ finden: aus dem 16. Jahrhundert der Sieboldschen Lebenswelt erinnert sich dieser an seine Jugend, die über die Erwähnung des ›Rauhen Hauses‹ zumindest in das 19. Jahrhundert versetzt wird (die Anstalt wurde erst 1833 gegründet). In *Meine Erinnerungen an Hamburg-Hamm* läßt sich die erzählte Passage als Erinnerung des Autors nachlesen (in: *Porträt einer Klasse*, S. 152–153).
126 Dieses Zitat scheint mir nun ebenso aus der erzählten Zeit des *Siebold* hinauszuweisen. Irritierend ist nicht einmal das Zurückdrängen der Erinnerungen an den gerade vergangenen Kampf mit den Geißlern, aber der Zusatz »wie stets« ist durch den Text nicht abgesichert, da im Gegenteil die heile Welt Siebolds mehrfach hervorgehoben wird.

Leubelfing sah ihn wie betäubt an und rührte sich nicht, endlich schluckte er ein paarmal und trat mit geballten Fäusten einen Schritt auf Friedrich zu, der ihm die Phiole bis an den Rand des Tisches entgegenschob. Er hob krampfig die schlanke blaugeäderte Hand, hielt sie wunderlich gespreizt einen Herzschlag lang in der Luft; dann sprang das schmale gierige Organ wie eine Raubkatze zu. Er riß den winzigen Gegenstand in die Tasche und schloß die Faust, zitternd vor Anstrengung, fest darum. Dann begann er mit Blicken tödlicher Feindschaft rückwärts zu schreiten, den unheimlich drohenden Blick lauernd nicht von Friedrich lassend. (356f.)

Nicht nur diese Beschreibung, sondern auch der letzte Satz der Erzählung gibt Siebold in seinem Mißtrauen recht. Während ›Puck‹ und Friedrich Siebold ein glückliches und langes Leben führen, hat man »von Jensen und Leubelfing [...] nie mehr etwas vernommen« (358).

Darüber hinaus verleiht der Trank nur *einem* Menschen ewige Jugend, und Siebold ist ganz wesentlich zu zweit. Friedrich Siebold kann den angebotenen Reichtum der anderen Welt ausschlagen, indem er sich auf seinen eigenen besinnt. Dieser besteht nicht nur darin, daß er glücklich verheiratet und »gesellschaftlich voll integriert«[127] ist, wie Krömmelbein sehr richtig betont, sondern vor allem in seinen ›inneren Ressourcen‹. Diese erlauben nicht nur den beliebigen Zugriff auf die eigenen Erinnerungen (oder deren Zurückdrängung), sondern auch den Blick in die »Bilderwelt aller Zeiten«. Die vermeintlich mächtigere Welt der Elementargeister entpuppt sich so als Wirklichkeitsbereich, der keinen Ersatz für »die höchste Stufe des *menschlichen* Alters in ungeschwächtem ständig bewegtem Geiste« (358, Hervorhebung MB) bieten kann.

Nein, er brauchte dieses Geschenk nicht; was hätte es ihnen auch genützt, da es nur einen in jenes unheimliche fragwürdige Licht gehoben hätte. Und auch sonst würde er es von sich gewiesen haben; denn er und seine ewige Geliebte bedurften nicht des erborgten Scheines. Immer würden sie in ihren Augen jung und schön sein; nie konnte Tristan von Isolde lassen.

127 Krömmelbein: *Selbstporträt in gefährdeter Zeit,* S. 144.

Und auch des Zaubers bedurfte er nicht, wie Herr van der Meer es zur Nacht wissend und lächelnd ausgesprochen hatte: Auch ohne den Trank fand er den Weg zurück in die Jugend, und in die Bilderwelt aller Zeiten, deren es wohl viele gibt. (357)

Die Methodik des Entkommens zeigt sich im *Siebold* wie in der *Insel* als wesentlich durch das Vertrauen in die eigenen Fähigkeiten und den Rückgriff auf die großen menschlichen Kulturleistungen bestimmt; hier wie dort werfen die »Märchenaugen« (320) der Frau ein Bild von der Größe des Mannes zurück.[128] Signifikante Unterschiede bestehen bezüglich des Ortes; ›Puck‹ und Friedrich Siebold sind »recht glücklich in [ihrem] Eilysion« (352), das sich nicht fernab jeder Zivilisation, sondern inmitten der Gesellschaft befindet.

Sehr viel bedürftiger ist Peter Öflin in der *Holetschkagasse*. Im Gegensatz zu Friedrich Siebold plagt ihn schon materielle Not; wohl auch der Hauptgrund, weswegen er die Stellung in der Holetschkagasse für die Zeit der Semesterferien annimmt.

> »Nun ja!«, berichtete dieser endlich weiter, »was hätte ich auch sonst in den drei Monden beginnen sollen, Jaromir? – Hätte ich mich wieder mit meinem Tischchen an's Tor setzen, und den Landleuten und Mädchen für ein paar arme Heller ihre kleinen Schreibereien erledigen sollen? Erfroren bin ich ohnedem fast dabei – nebenbei, Jaromir – hast du Kohlen?« fragte er freundschaftlich und bedrückt. (385)

So gilt seine größte Sorge vor der ersten offiziellen Begegnung mit Ecila auch seiner ärmlichen, schadhaften Hose: »Er betrachtete schüchtern einen neuen Flicken auf seinem Hosenbein und beschloß, wenn sie ihn ansehen sollte, unauffällig die Hand darüber hängen zu lassen« (400).[129] Zwar kann er in der Prüfungssituation souverän bestehen, gegenüber der Professorstochter ist er aber überaus schüchtern.

---

128 Vgl. auch S. 357: »er nahm behutsam ihren Kopf und sah ihr seltsam in die tiefen sehnsüchtigen Augen, die unter seinem Blick zu schimmern und leuchten begannen wie Waldseen im Abendgold«.

129 Auch Joachim in der *Seelandschaft* setzt viel auf eine ›ordentliche‹ Hose beim ersten Eindruck: »Gebügelte Hosen hätt ich anhaben mögen: so bescheiden dieser Wunsch auch war, das Schicksal erfüllte ihn wieder nicht.« (BA I/1, S. 400).

Das Mädchen ließ leicht ihren Blick an Öflin herabgleiten, der zitternd sein armseliges Bündelchen in den Händen drehte und ganz vergaß, den verräterischen Flicken zu verstecken; dann nickte sie höflich und gleichgültig und sagte, zu ihrem Vater gewandt: »Du wirst schon das Rechte gewählt haben! – « (406f.)

Er bietet Angriffsflächen, und die Elementargeister lassen ihn ihre stärkere Position spüren. Die Elementargeister treiben Schabernack mit ihm, Ecila straft ihn zunächst mit Gleichgültigkeit und ihr Vater verweist ihn des Hauses, als er sich zu sehr einzunisten droht. Einzig das »dienernde Wichtelmännchen« (419) Tulin schaut zu ihm auf; Peters Fürsorge ist dem eigentlich unwillkommenen Gast gewiß. Die Logik der Ausweisung aus dem Haus in der Holetschkagasse ist ebenso zwingend wie furchtbar für den Studenten. Nachdem Rure Öflin das Geständnis seiner Liebe für Ecila entlockt hat, bedeutet ihm dieser, daß sie »ganz andere Möglichkeiten« (428) habe. Die Frage »Geht Geisterglück über Menschenglück?« (ebd.) bleibt zwar von Rure unbeantwortet, aber Öflin selbst ist »von seiner Wertlosigkeit Ecila gegenüber durchdrungen« (ebd.). Was hilft es da, daß sie ihm mittlerweile hingerissen zuhört, wenn er von seinen Büchern erzählt? Nichts; ein letztes Stelldichein wird vom langen Arm des Elementargeistes machtvoll abgebrochen:

da war es ihm, als rase ein eisiger Wirbelwind durch das Haus; die Tür sprang krachend auf, und er taumelte über die blitzschnell glattfrierende Schwelle auf die Gasse hinaus. (429)

Auf dieser Schwelle trifft man sich einige Zeit später wieder, nachdem die unvermutet aufmüpfige Tochter dem Liebsten nachgegangen ist, ihn errettet und zurückgebracht hat.[130]

Auf der Schwelle stand breitbeinig der alte Professor Rabensteiner und knurrte verlegen und halb gerührt: »Nun da – da kommen Sie nur herein, Öflin – oh, du Ausreißerin! – und nehmen Sie mir's nicht weiter übel – dachte nur, Sie wären halt auch so ein Menschenwindhund [...]« (436)

130 Eine genaue Analyse dieses ›Zwischenspiels‹ findet sich in 1.3.4.

Die Zurückweisung des Vaters wird also, nachdem dieser sein Urteil revidiert hat, aufgehoben. Der Grund für die Ablehnung war aber kein persönlicher, sondern ein prinzipieller; seine Tochter hat Aussicht auf einen besseren Ehemann als einen Menschen. Offensichtlich ist Rure erst anhand des ›Falles‹ Öflin klar geworden, daß es unter den Menschen ›solche-und-solche‹ gibt: Menschenwindhunde und durchaus wertvolle Menschen. Als solcher erstreitet sich Öflin einen Platz im Haus in der Holetschkagasse; daran, daß dieser Platz jedem anderen in der menschlichen Gesellschaft vorzuziehen ist, besteht zu keiner Zeit ein Zweifel. Peter Öflin importiert aber die Güte menschlicher Existenz in den elementargeisterlichen Raum.

Dieser Import ist im *Rosenroth* noch deutlicher: Christian Wicht schenkt Elv zu Weihnachten, an dem die Aufnahme in die Familie besiegelt wird, die von ihm verfaßten »‹Dichtergespräche im Eilysion›« (489). Zwar muß er längst nicht so große Widerstände wie Öflin überwinden – auch Elv erliegt letztendlich der Belesenheit des Studenten –, die Erfahrung von Zurückweisung kennt aber auch Wicht zu genau:

Schon als Kind hatte er bei Kränkungen und Schmähungen diese seltsame Erkältung seines Inneren gespürt, und oft war er teilnahmslos durch die Reihen der höhnenden Schulkameraden geschritten, während gleichzeitig in seiner sich spaltenden Seele ein interessierter Beobachter zu murmeln begann: »sieh da: das trifft mich noch; und wie alle Augen so merkwürdig und grausam Haß funkeln, als trügen sie Eiszapfen in den Höhlen; die Mauer ist doch auch eigentümlich grau heut' –«, während er sich in immer tiefere innere Bilder verlor, Wielands Aristipp oder andere Lieblingsbücher. (457)

Dieser Erinnerung war eine Begegnung zwischen Elv und Christian vorausgegangen, in der er sie beim Lesen des *Parzival* ertappt und sie ihm auf Nachfrage versichert »Aber es gefällt mir nicht; es – es ist langweilig!« (456). Er darf ihr gerade eben noch das Buch ins Haus tragen, was sie mit »Ungeduld und ein wenig Verächtlichkeit« (ebd.) geschehen läßt, dann gleitet ihr Blick schnell über die »armselige Gewandung« (ebd.) und er ist entlassen. Natürlich hat sie längst bemerkt, daß er in ihrer Gegenwart besonders hingerissen von seinen Büchern erzählt, aber sie läßt ihn ›auflaufen‹.

[O]ft fragte sie dann halblaut den wohlgefällig lauschenden Vater irgend etwas Gleichgültiges, nur um Christians rührende Verstörtheit zu sehen [...]. So vergingen manche Tage, und sie begann darauf zu achten, wie in seinen Erzählungen die Mädchen und Frauen aussahen, und fragte eines Abends harmlos: »Wie – Isolde hatte dunkles Haar? – Ich denke sie war blond? –«, und sah ihn peinigend und erbarmungslos an. (484)

Herr von Rosenroth hätte offensichtlich nichts gegen eine Verbindung seiner Tochter mit dem Studenten einzuwenden, versuchen doch er und Mälan in dieser Szene zwischen den beiden zu vermitteln. Sie fragen Elv, wie sie sich denn Tristan vorstellen würde – »Reich wie ein König« (485) müsse er sein und ein »veilchenblaues Samtwams« (484) tragen. Materiell kann Christian Wicht ihr aber ebenso wenig etwas bieten wie Peter Öflin Ecila, und an dem Reichtum seines Wissens hat sie vorgeblich kein Interesse. Während in der *Holetschkagasse* sich eigentlich die Elementargeister einig sind in der Abweisung des Studenten und einzig Ecila, die »ja eigentlich ein Mensch« (426) ist, zu ihm hält, ist die Lage im *Rosenroth* nun genau umgekehrt: bis auf Elv hat Wicht die Elementargeister längst für sich gewinnen können. Mit dieser Stärkung im Rücken, bringt er, als sich die Gelegenheit ergibt, den Mut auf, sich der spröden Elv anzunähern. Er fragt sie direkt, warum sie die alten Bücher nicht möge.

Nach einer Zeit hörte er Elv leicht aufatmen und sie sagte ein wenig schüchtern: »– Ach doch; ich weiß nur gar nichts davon – ich bin schrecklich dumm; ja!« schloß sie erbittert und starrte haßvoll ins Leere. Er preßte die Hände an das klirrende Fensterglas in seinem Rücken und antwortete zitternd: »Nein, Fräulein Elv – sie sind – – Sie –«. »Etwa klug?!!«, fragte es kalt und voll höhnischer Selbstquälerei neben ihm mit erregter brüchiger Stimme; er griff um das Holz des Fensters, daß seine Hände schmerzten und flüsterte plötzlich tonlos in verzweifeltem Mut: »– Prinzessin –«. (488)

Er widerspricht nicht ihrer eigenen Einschätzung »schrecklich dumm« zu sein, sondern wirft ihre Qualitäten in die Waagschale, die ihr bedeuten sollen, daß er sie trotzdem hoch schätzt. Ja, die Verbindung kommt gerade *wegen* ihrer ›Dummheit‹ glücklich zustande, können doch so seine Defizite kompensiert werden. Ein Blick zurück auf die Frauenfiguren der *Juvenilia* zeigt, daß parallel zu den zunehmenden Defiziten der männlichen Figuren die Frauen ungebildeter und unwissender werden: Die Prinzessin der *Insel* verfügt über »zum teil gute kenntnisse« (208) und versteht es, das von ihm Gehörte »in die lücken ihres wissens einzuordnen« (ebd.). Puck Siebold ist »mit scharfem Geiste begabt, und ihrem Mann oft eine wertvolle Helferin« (317). Erst Ecila (426) und Elv sind unbelesen und eben »schrecklich dumm«. Was wäre also ein passenderes Geschenk als eine Literaturgeschichte ganz anderer Art, wie die ›Dichtergespräche im Eilysion‹? Im Gegenzug schenkt sie ihm das veilchenblaue Samtwams, und so standesgemäß ausgerüstet ist am Ende wie in der *Holetschkagasse* »Alles gut. – « (437)

Im 4. Kapitel des *Rosenroth* versichert sich eine Gruppe ihrer Gemeinschaft mittels Ausschluß eines unliebsamen Eindringlings. Ein ähnlicher Vorgang also, wie er sich im 4. der *Dichtergespräche* beobachten läßt. Abgesehen von den beiden Freunden Wichts, sind alle Figuren des Textes im Moment der Ankunft des Herrn von Hellagrün ›auf der Szene‹. Sehr schnell beginnt man, sich gegen ihn zu verbünden.

[Seidenschwarz] blieb noch weiter zurück und flüsterte dem Studenten eindringlich ins Ohr: » – ein Rat, nebenbei: der junge Herr da vorn scheint ein wenig hochmütig – gefällt mir nicht – geben Sie ihm nur tüchtige Antworten; ich werde auch Herrn von Rosenroth gleich noch einen Wink zukommen lassen – « (462)

Herr von Hellagrün doziert selbstgefällig und »voll kalter widerlicher Begeisterung« (465) über seine Schimmelplantagen und bemüht sich »geübt und modisch« (463) um die Tochter des Hauses. Sowohl der Habitus als auch die Begeisterung für etwas, das »wider alles Gute und Schöne, wider allen organischen Zusammenhang« (465 f.) ist, stoßen allseits auf Ablehnung, und Seidenschwarz vollstreckt die von allen getragene Zurückweisung in bekannter Manier:

Ein Windstrahl fauchte eben scharf durch den Garten, daß die schwingende Laterne erlosch, und Christian meinte nur noch in dem schwachen Sternenlichte zu sehen, wie über dem schön geschwungenen Muschelgiebel des Hauses ein paar lauchgrüne breite Blätter und ein magerer Stengel wirbelten, hilflos über die Nachbardächer gejagt wurden und endlich, einzeln und schon unkenntlich in der prächtigen gestirnten Nacht verschwanden. (468)[131]

Da im *Rosenroth* nicht der Held, sondern eine Nebenfigur aus dem Haus/Garten geweht wird, hat niemand Mitgefühl mit dem Verstoßenen, und die Leserin erfährt nichts über sein weiteres Schicksal. Angesichts solcher Verwandter kommt Herr von Rosenroth gar nicht erst auf die Idee, auf einem Elementargeist als Schwiegersohn zu bestehen.

### 1.3.4 *Entkommen mit letzter Kraft*

Als Peter Öflin am Ende der *Holetschkagasse* wieder auf die Schwelle des Hauses tritt, hat Rure seine Meinung über ihn geändert und nimmt ihn in die Familie auf. Offensichtlich hat Öflin den Beweis, nicht so ein »Menschenwindhund« zu sein, erbringen können. Dieser kann aber weder in seiner Belesenheit noch in seiner Souveränität liegen, denn von den Kenntnissen des Studenten ist der Professor lange vor der Szene wohl unterrichtet und souverän ist der zurückhaltende und schüchterne Öflin nicht. Ein Blick in die Kapitel 8 und 9 der *Holetschkagasse* geben Aufschluß über den Beweis seiner Menschlichkeit.

Der völlig verstörte Öflin wird nach seinem Rauswurf von Bonizil, dem befreundeten Antiquariatshändler, aufgelesen und in das leerstehende Obergeschoß des Antiquariats geführt. Erst dort kommt der Student wieder zur Besinnung:

Eben noch war er in ihrer Nähe gewesen, hatte von allen Wundern der Welt gehört, dann kam eine kurze Spanne grauen, wassersprühenden Eislichts, und nun plötzlich fand er sich, noch von seinem schlaffen kurzen Zauberkrägelchen umhangen, in die fremdeste Einöde entrückt, wo der Herzschlag klopfend von den kalten Wänden abprallte. So sehr war der Geist des Körpers unkundig geworden, daß er nicht Kälte noch Nässe noch Müdigkeit fühlte, sondern nur ein noch ungeschrieenes, erst sich staunend gestaldendes [sic] Leid. (430)[132]

---

131 Die Stelle erinnert nicht nur an den Rauswurf Öflins aus dem Haus in der Holetschkagasse, sondern auch an die Ausweisung des Fremden aus dem Elysium in den *Dichtergesprächen*: »weh mir! / Die Luft wird wie Kristall – – / Auf deiner Schulter der Rabe, was will der? – – / Türflügel schlagen auf?!« (S. 262).

132 In der Bargfelder Ausgabe abweichend: »Zauberkrügelchen« statt »Zauberkrägelchen« (Setzfehler in der BA) und »strömend« statt »staunend« (Lesefehler der Herausgeber). Ich danke Bernd Rauschenbach für diesen Hinweis.

In dieser Stelle und im gesamten Kapitel gibt es eine Repräsentation davon, daß das Leben in der (menschlichen) Welt als unerträglich erlebt wird. Peter Öflin ist nicht nur von seiner Geliebten, sondern auch von den »Wundern der Welt« getrennt worden, für ein Leben in der körperlichen Welt ist er unbrauchbar (geworden). Auch dem kleinen Mädchen, das sich bald zu ihm gesellt, ist es schlecht ergangen »draußen in der wüsten Welt« (430f.). Um aus eigener Kraft einen Ausweg aus seiner Situation zu finden, ist Öflin zu schwach, und auch die Freundschaft zu dem kleinen Mädchen vermag ihm keinen Halt zu geben. So verfällt er mehr und mehr in Depressionen.

> Allmählich wurden seine Erzählungen düsterer und wilder, je mehr sich sein gequältes Herz mit mächtigen Schatten umzog: von verfallenden Palästen erzählte er, und häufigen und endlosen trüben Träumen. Tag und Nacht waren nur noch wie Gewölk vor den schwermütig glühenden Bildern seiner Seele, und oft überraschte er sich, wie er aus einem halben Dämmerzustand auftauchte, um wieder in einen neuen zu versinken. (433)

Anders als der Bibliothekar und Friedrich Siebold kann er auf keine ›inneren Ressourcen‹ zurückgreifen, anders aber auch als sie wird er mit einer solchen Zurückweisung konfrontiert. Zwar hat ja auch er einen Ort oder eine Lebensweise gefunden, in der er leben will, aber ihm ist der Übergang in den erwählten Raum zunächst versperrt. Im Angesicht des Elysiums ohne Aussicht auf Zugang, verzweifelt er, und seine Methode des Entkommens droht an den Umständen zu scheitern. Ein letzter Gang durch die Stadt führt ihm deutlich vor Augen, daß er unter den Menschen auch nicht leben kann, weil er dort auf die gleiche Ablehnung und Zurückweisung stößt:

> oft trat er gierig lauschend zu einer kleinen Gruppe schwatzender Bürger, als könne er ein rettendes Wort hören. In unzählige Gesichter sah er voll wilder Hoffnung, endlos zogen die harten Augen vorbei. (434)

Am Ufer eines Flusses stehend sieht er den Fergen mit seinem Nachen schon herannahen, doch unmittelbar bevor er ins Wasser geht, hält ein Schrei des kleinen Mädchens ihn zurück. Da er »niemanden mehr sehen« (436) will, verbindet sie ihm die Augen und führt ihn durch die

Stadt zurück bis in die Holetschkagasse. Auf der Türschwelle steht sie zurückverwandelt als Ecila vor ihm, und ihr Vater bittet sie ins Haus.

Der Beweis der Menschlichkeit wird scheinbar durch die Fähigkeit zu leiden erbracht; Ecila hat es in der Gestalt des kleinen Mädchen miterlebt und ihn schließlich vor dem Suizid bewahrt. Der Vater ist auf der Schwelle zu Recht »verlegen«, hat er doch das Leiden ausgelöst. Bevor er das Haus verlassen mußte, hatte Öflin gefragt: »– geht wohl Geisterleid über Menschenleid« (428), war aber ohne eine Antwort abzuwarten gegangen. Die richtige Frage wäre vielleicht gewesen »Geht wohl Geisterglück über Menschenleid?« – womöglich hätte Rure gleich mit dem Kopf geschüttelt und den Studenten im Haus behalten.

Öflin riskiert viel und verliert beinahe alles, um den begehrten Platz an der Seite der Elementargeister zu bekommen. Am Ende hat er sich das Elysium schmerzvoller als seine Vorgänger verdient.

### 1.4.1 *Dem Erbauer der Insel Felsenburg zum Gruß!*

Für die *Wundertüte* hat Schmidt der Erzählung *Die Fremden* einen Brief
an »Herrn / Johann Gottfried Schnabel / (∞) Felsenburg / Alberts-
raum«[133] vorangestellt. Darin betont er, wie stark ihn die Lektüre der
*Insel Felsenburg* beeindruckt habe:

> nie seitdem hat mich die Erinnerung an jene von Ihnen geschaffene
> Welt verlassen, und oft habe ich in guten Träumen die Fahrt über die
> Meere der Finsternisse zu ihr angetreten.
> So stark wurden schließlich diese Bilder in mir, daß ich die bei-
> liegende Erzählung schreiben mußte, die ich nun als Zeichen mei-
> ner dankbaren Ergebenheit in Ihre Schöpferhände legen zu dürfen
> bitte.[134]

Die Bilder der Insel Felsenburg finden sich tatsächlich in den *Fremden*;
der Zielort des Entkommens ist dort das »nach den ihr vom Meister gegebenen Gesetzen für die Ewigkeit weiter entwickelt[e]« (536) Elysium.
Die Insel Felsenburg hat sich aber nicht nur nach den vom Meister
Schnabel vorgegebenen Gesetzen, sondern auch durch einen anderen
Ideengeber weiterentwickelt. Die vier Fremden, die als reisende Spiel-
leute mit ihrem »‹Globe-Theatre›« (505) in dem kleinen Städtchen ga-
stieren, in dem auch Hans Flick und seine beiden Freunde leben, erweisen sich anhand der Beschreibungen als Cervantes, Shakespeare, da
Vinci und Brucker.[135] Alle vier kennen den geheimen Zugang zur Insel
Felsenburg, die nicht im weit entfernten Südmeer lokalisiert ist, sondern auf den Sesam-öffne-dich-Spruch »Oh, Du heilige, gerechte und
allmächtige Phantasie –!« (537) hinter der Tür des Stadtarchivs in Er-
scheinung treten kann. Die Insel ist doppelt gegen Eindringlinge abgesichert, zum einen durch den Spruch, zum anderen durch den auch in
der *Insel Felsenburg* beschriebenen Wasserfall (ebd.). Diese zweifache Absicherung scheint auch nötig, wenn zwischen Insel und Stadt eine
Durchlässigkeit besteht, wie sie der Schnabelsche Text nicht kennt. Die
vier Fremden sind als Boten von der Insel Felsenburg vorstellbar, die,

---

133 *Wundertüte*, S. 28.
134 ebd., S. 28.
135 vgl. dazu die Personenbeschreibungen auf S. 505 f.

ohne den Umweg über Amsterdam oder sonst eine Hafenstadt machen zu müssen, dem Gequälten den Weg weisen können.

*Halbwach:* ich klaubte die Glieder vom »Bett« hoch und schludderte mit sandsteinernen Füßen zum Tisch. Ich schrieb einen flehentlichen Brief an Johann Gottfried Schnabel, esquire: er solle wieder einmal ein Schiff von Felsenburg schicken, botenbemannt: die würden durch die Straßen gehen zu Tag und Nacht in weiten rauschenden Mänteln, und in alle Gesichter spähen, ob wieder welche reif wären, Gequälte, wild nach Ruhe, den Inseln der Seligen. Sofort müßte man aufbrechen, nach einer Hafenstadt: in Amsterdam hatte Kapitän Wolfgang immer angelegt; ich wußtes wohl und fluchte mit verbissenen Augen nach dem Entschluß.[136]

Die vier ›Boten‹ in den *Fremden* lassen Rückschlüsse auf eine Umgestaltung der Insel Felsenburg zu. Bewohner(innen) sind offensichtlich nicht nur die Gepeinigten dieser Welt, sondern auch die »vornehmsten Dichter aller Zeiten und Völker« (239).[137] Außer da Vinci begegnen die Fremden auch in den *Dichtergesprächen* als Bewohner des Elysiums. Die unter 1.2.3 herausgearbeitete spezifische Nähe zwischen Utopie und Totengespräch ist auch für den Aufbau der Insel Felsenburg bestimmend.

Anders als der rationalistische Kauff, den die Fremden bei einem nächtlichen Ausflug auf die Insel Felsenburg geleiten (536ff.), kann Hans Flick den Weg prinzipiell allein finden, ganz sicher verfügt er über den Schlüssel(-satz). Die Beschädigungen, die schon seinen Vorgängern in der *Holetschkagasse* und im *Rosenroth* abzulesen waren, haben bei Hans aber eine körperliche Ausprägung angenommen, die ihn von der Hilfe gleich mehrerer Personen abhängig macht: er ist blind. Seine heimliche Liebe Eva simuliert eine Lähmung, die eine Annäherung zwischen den nun gleichermaßen Hilfsbedürftigen für den stolzen Hans erst möglich macht; dieser Schachzug Evas wiederum würde ohne die Hilfe seiner

---

136 *Brand's Haide*, S.152f.
137 Zu dem Schluß, daß die phantastische Insel in den *Fremden*, »die Merkmale von Dichterelysium und *Insel Felsenburg* in sich vereinigt«, kommt auch Stefan Iglhaut (»*Die Fremden*« – Frühes Paradigma, S.177). Einen Hinweis auf die Überlagerung der Insel Felsenburg mit dem Elysium der *Dichtergespräche* gibt auch die Erwähnung der Burg Wolkenstein: »»Sie dürfen uns begleiten –« erwiderte der Fremde endlich verbindlich [...], »– nur nicht bis zum Wolkenstein – [...]«« (S.535).

Mutter nicht aufgehen.[138] All das wäre aber nutzlos, würden nicht die Fremden den jungen Mann wieder zusammenflicken und ihm das Augenlicht wiedergeben (552 ff.). So findet Hans am Ende, glücklich mit seiner Eva vereint, den Weg zur Insel Felsenburg: »›Ich glaube, das wird der richtige Weg sein,‹ sagte er« (575).

### 1.4.2 Erster Versuch zu einer neuen Poetologie

Die Präsenz der Elementargeister ist im Vergleich zu den vorigen drei Erzählungen deutlich zurückgetreten. Eine Bedeutung haben sie vor allem für den Förster Niebelschütz, der bei seinen Spaziergängen durch den Wald der »Sonnenfrau« (502) und dem geheimnisvollen, alterslosen »Sehfeld« (572 ff.) begegnet. Letzterer schenkt ihm ein Pulver, mit dessen Hilfe für kurze Zeit ein »Flammenmärchen« (575) »unsere Mist=Welt«[139] erleuchten kann.[140] Niebelschütz weiß genau, »daß viele über uns sind« (573) und die menschliche Existenz nicht die beste der Möglichen ist: »Wenn es ein Mensch wäre, würde man ihn im Ratskeller schwelgen und lallend seine Freunde verleugnen sehen« (502) – dann doch lieber ein Borkenkäfer sein. Ihm entgegen gestellt ist der junge Kauff, der lieber Kant liest, als sich in *Die Insel Felsenburg* zu vertiefen. Zwar überfällt auch den Rationalisten in Anwesenheit der Fremden »ein schier unheimliches Gefühl von Verlassenheit und hilfloser Unzulänglichkeit« (535), aber er weiß dieses auf menschliche Weise zu kompensieren:

> Er kam sich in dem Kreise der geheimnisvoll Schönen und Starken zum erstenmal in seinem Leben so unbedeutend und ärmlich vor, daß er beschloß, sich durch scharfes herausforderndes Auftreten seine Selbstachtung wieder zu verschaffen. (ebd.)

Beide berichten ihrem gemeinsamen Freund Flick, der selbst sein Zimmer nicht verläßt, von den Begegnungen und Ausflügen mit den Fremden. Das Motiv der Blindheit war schon im letzten Kapitel der

---

138 Frau Flick weiß nicht, daß Evas Lähmung nur vorgetäuscht ist und redet gerade deswegen auf ihren Sohn ein, einen Besuch von Eva zuzulassen: »Aber denke einmal: es wird ihnen bestimmt Alles leichter sein, vor allem der armen Eva, wenn sie sehen, wie gefaßt Du bist. Es kann viel von Dir abhängen, ja, Alles!« (S. 546).
139 *Wundertüte*, S. 124. In der juvenilen Fassung: »unsere Welt!« (S. 575).
140 Zur Bedeutung der Alchimie in den *Juvenilia* vgl. Jürgen Strein: *Alchemie im Frühwerk*.

*Holetschkagasse* angeklungen, als Peter das kleine Mädchen/Ecila bittet, ihm die Augen zu verbinden; »– ich will niemanden mehr sehen – binde mir ein Tuch um die Augen –« (436). Anders als dort ist die ›Blindheit‹ nicht Folge der Verzweiflung an der eigenen Existenz, sondern sie begründet diese erst. Hans Flick kann seine eigenen Bücher nicht mehr lesen und das selbstgezimmerte kleine Theater steht seit seiner Erblindung unbeachtet in der Zimmerecke. Gleichzeitig kann er auf ganz andere Ressourcen zurückgreifen als seine beiden Vorgänger aus der *Holetschkagasse* und aus dem *Rosenroth*.

> [Kauff] sah ihn scharf von der Seite an: »Hans,« sagte er plötzlich, »Du bist sehr stolz – mußt Du nicht immer Mitleid fürchten? –« Der Mann im Sessel hielt den Angriff unbeweglich aus; »Dazu bin ich noch nicht arm genug –« erwiderte er langsam und, wie es schien, unberührt, »– und zuweilen sehe ich noch – im Traum und in der Phantasie. –« (512)[141]

Flicks »innere[s] Schauen« (547) geht weit über die rein rezeptiven Fähigkeiten der Sieboldschen Phantasie hinaus. Während sich Siebold die erlebten Erinnerungsbilder und die Vorstellungswelten der großen Dichter gegenwärtigen kann, wird Hans Flick darüber hinaus zum *Produzent* eigener Gedankenspiele, die er auch fixiert.

> Er hatte vor vielen Monaten begonnen, – wenn er ganz allein war, und niemand ihn sehen konnte – sich in wundersame Welten zu verlieren, und seine sehnsüchtigen Gedanken und Träume zu so tiefen Gebilden zu gestalten, daß er sich völlig in seinen neuen Wirklichkeiten verlor.
>
> An manchen Abenden hatte er in mühevoller Arbeit ein neues Luftschiff ersonnen, und fuhr nun mit ihm von Stern zu Stern, maß, rechnete und beschrieb die bunten Fabelküsten. Aber es war keine Fabel. Es war.

141 Dieser Formulierung bedient sich auch Friedrich Siebold, als er das Geschenk Aziabels ablehnt. Vgl. S. 356: »›Höre,‹ fuhr Friedrich halblaut fort, ›ich schenke es dir. *Ich bin nicht arm genug dazu.* [...]‹« (Hervorhebung MB). Nach diesem Gespräch in den *Fremden* ist in der *Wundertüte* die Erzählung *Der Rebell* eingefügt. Vgl. *Wundertüte*, S. 42: »»– und zuweilen sehe ich noch – im Traum und in der Phantasie. Auch in der Erinnerung; 811 4145;« er nahm fast ohne zu tasten ein paar Blätter von der Tischplatte und hielt sie Kauff hin: »– willst Du Kenntnis nehmen?« – Jener las: *Der Rebell*.«

Zuweilen baute er an einem Theater, schön und wunderlich zu
schauen, und sah oft nie gehörte Märchenspiele und graue Dramen
in Sturm und Regen. (513)

Zwar kann er nicht mehr, wie der Bibliothekar der *Insel* mit seinen Händen Tische und Stühle bauen, aber in seiner Vorstellung schafft er ganze
Welten, in denen er frei agiert und die ihm die Realität seines Zimmers
ersetzen (»das Zimmer [war] verschwunden« (ebd.)). Mit Hilfe eines
›Schreibrahmens‹ kann er diese Welten trotz seiner Blindheit zu Papier
bringen (544, 547 f.). Unter diesem Blickwinkel ist Hans Flick mehr ein
Nachfolger der beiden Kinder in *Der Rebell* und *Das Kraulemännchen*, als
der anderen juvenilen Figuren. Seine Imaginationsleistungen lesen sich
wie Verlängerungen der kindlichen Gedankenspiele, wobei die Anbin-
dung an einen *beliebigen* Gegenstand abgelöst wird durch ein gezieltes
und systematisches Verfolgen von Gedanken und Wünschen. So scheint
die Einfügung der beiden Kindheitserzählungen in die *Wundertüten*-Fas-
sung ganz überzeugend (auch wenn ihre Verlesung im Text nicht sehr
kunstvoll eingefädelt wird). Die Gedankenspiele Flicks bleiben gemäß
den theoretischen Ausführungen des Autors deutlich von der »Erleb-
nisebene I« der Figur geprägt; die Sehnsucht nach Eva und die Angst
vor einer Zurückweisung stehen auch im Zentrum der vorgestellten
Welt.[142] Damit ist eine *neuartige* Methode des Entkommens markiert, die
erst sehr viel später im Werk zum strukturierenden Prinzip des Textes
wird.[143] Die Ausarbeitung und Fixierung eines Längeren Gedankenspiels, so daß dieses zur Realität für die gedankenspielende Person wird,
scheint mir mit dem unter 1.3.2 beschriebenen Aufbau eines erschaffenen Verlagswesens verwandt zu sein. Für die *Fremden*-Erzählung bleibt
eine solche Methode ein loser Faden, der nicht weiter geknüpft wird.

### 1.4.3 *Es gibt auch eine Treue gegen nur Geträumtes*

Nachdem die Fremden Hans Flick geheilt haben und er sich Eva of-
fenbart hat (deren ›Krankheit‹ folglich auch verschwindet), wird die
Methode des Entkommens durch Generierung einer eigenen Realität

142 vgl. dazu das Gedankenspiel von S. 513 f.
143 vgl. dagegen Jan-Frederik Bandel, für den sich Hans Flick nicht als neuartiger
Typ innerhalb der *Juvenilia* liest (Autor eigener Gedankenspiele), sondern sich einfügt
in die Reihe der guten Leser. Die Beobachtung »dass die Schriftstellergestalten
der »Juvenilia« [Fabricius in *Die Fremden* und Olearius im *Nikolaus*] eher von trau-
riger oder – werkimmanent – suspekter Gestalt sind« (»Meine Büchel«, S. 26), vermag
diese Lesart in der Tat zu stützen.

aufgegeben zugunsten eines Eintritts in die Welt der Insel Felsenburg. Dies deutet darauf hin, wie zentral die Zweisamkeit auch für die Konzeption der *Fremden* ist; zwar ist eine Begegnung mit Eva auch innerhalb des Längeren Gedankenspiels möglich, der Eintritt und das Entkommen in die neue Welt bleibt aber dem Gedankenspieler vorbehalten.

Die *Fremden*-Erzählung präsentiert gleich ein Bündel von Entkommens-Strategien. Niebelschütz verfolgt den in der *Holetschkagasse* und im *Rosenroth* beschriebenen Weg des Übertritts in die Elementargeister-Welt. Kauff richtet sich in der Realität mithilfe seines Rationalismus ein.[144] Hans Flick entwirft zunächst die wieder fallengelassene Strategie des Längeren Gedankenspiels. Auch wenn textimmanent die Erzähler-Sympathien der beiden Kontrahenten Niebelschütz-Kauff eindeutig dem Förster gehören, darf auch Kauff nach seiner façon selig werden. Der Weg zur Insel Felsenburg, den Hans und Eva wählen, stellt wiederum eine neue (wenn auch keine neuartige) Methode dar. Wie in der Märchenserie ist die gewählte Welt schon da und muß nicht, wie in der *Insel* erschaffen werden. Allerdings ist sie nicht das Produkt von anderen, an sich mächtigeren Wesen, sondern von einem Menschen, der sich durch sein Tun in eine andere Kategorie emporhebt.

Was denken Sie eigentlich, was nun geschieht, wenn so ein schönes altes Buch – eine solche Welt – von seinem Schöpfer lächelnd aus der formenden Hand gegeben worden ist und losgelöst schwebt. – Am Anfang schuf Gottfried Schnabel Himmel und Erde – Sie schaudern? Weil ein Stern entsteht? – Weil eine neue Welt begonnen hat, und sich nun nach den ihr vom Meister gegebenen Gesetzen für die Ewigkeit weiter entwickelt, im Spiel nur ihrer eigenen Kräfte? Und jedes würdige Buch ist eine goldschwellige Pforte in seinen eigenen Kosmos! (536)

Das Ende der *Fremden*-Erzählung bleibt von einer ehrfurchtsvollen Verbeugung vor Schnabel und dem von ihm erzeugten Kosmos bestimmt.

---

144 Auch Friedrich Siebold wählt mitunter den Weg der Rationalisierung des Unbegreifbaren. So nach seinem Ausflug in die Unterwasserwelt mit Aziabel: »Friedrich, mit sich selbst höchlichst unzufrieden, schalt sich weidlich über seine neueste Angewohnheit, am hellen lichten Tage mit offenen Augen zu träumen, aus. ›Und vor allem so seltsame Dinge – nur gut, daß der spöttische, stets überlegen tuende Bursche nichts gemerkt zu haben scheint.‹ ›Aber ich muß wirklich überanstrengt sein,« fuhr er fort, »eine solche karibische Landschaft hinzustellen; und auf Fischen reiten – das ist ja schlimmer als ein Feenmärchen! –‹« (S. 342).

## 1.5 Mein Onkel Nikolaus

*Mein Onkel Nikolaus* liegt als einziger Text des *Juvenilia*-Konvoluts nur in einer flüchtigen »ersten Niederschrift mit zahlreichen Streichungen und Verbesserungen« (663) vor; das Titelblatt des Fragments ist auf den 21.9.1943 datiert. Die Arbeit mit diesem Text ist wegen des flüchtigen und fragmentarischen Charakters der Erzählung nicht unproblematisch; jede Beschreibung kann durch den Hinweis auf mögliche geplante Entwicklung der Figuren wie der Handlung in Frage gestellt werden.[145] Einige konzeptionelle Entscheidungen (oder Versuche) des Autors lassen sich aber auch schon dem Fragment klar entnehmen. Im Gegensatz zu Dieter Sudhoff, für den *Mein Onkel Nikolaus* »sich in nichts von den anderen [*Juvenilia*] unterscheidet«[146], scheinen mir formal-ästhetische wie motivische Veränderungen gegenüber den anderen *Juvenilia*-Texten augenfällig.

### 1.5.1 Anton Däubler

Anders als in der Märchenserie wird *Mein Onkel Nikolaus* durch einen homo- und autodiegetischen Erzähler vermittelt. Diese Erzählerfigur des *Nikolaus,* der junge Anton Däubler, wird schon mit dem ersten Satz des Erzählfragments als neuer Typ innerhalb der *Juvenilia* gekennzeichnet.

> Die Freunde hatten mich allein gelassen; ich stand, nun nicht mehr zerstreut von dem hellen Gespräch, auf dem kleinen Platze, und sah an dem dunklen Fachwerkhause hinauf. (579)

Er ist, was all seine Vorgänger nicht sind, nämlich gesellig. Zwar hatten auch Peter Öflin, Christian Wicht und Hans Flick Freunde, aber immer kehren sie nach einem Zusammentreffen mit ihnen zufrieden in die Einsamkeit zurück. Anton Däubler zögert den Abschied von den Freunden so lange wie möglich hinaus. Gemeinsam mit ihnen ist er am

---

145 Claudia Schweser meint dagegen, der fragmentarische Charakter des Textes könne »als durchaus bewußt gesetztes stilistisches Mittel angenommen werden« (Schweser: *Das Doppelleben,* S.189).
146 Sudhoff: *»Denn ich bin ein großer Zauberer!«,* S.81.

Nachmittag in dem nicht näher bezeichneten kleinen Städtchen angekommen, in dem sein Onkel Nikolaus lebt, bei dem er fortan wohnen wird. Von der Poststation geht er aber keineswegs sofort zu seinem Onkel, sondern verbringt den frühen Abend mit seinen Freunden in einer Gaststätte. Auch dem Onkel fällt die starke Eingebundenheit in den Freundeskreis unmittelbar nach seiner Ankunft im Haus auf: »›Du sagtest ‹wir› – ‹wir sind von der Poststation – usw› – Hast du schon Bekanntschaften gemacht?!‹ ›Nein,‹ antwortete ich lächelnd, ›es waren nur meine Schulfreunde, oder besser Studiengenossen [...]‹« (582). Anton Däubler, so scheint es, hat schon am Anfang der Erzählung seinen Platz in der Welt gefunden und ist zufrieden damit. Was er mitbringt in das Haus seines Onkels, ist ein Samtwams und eine »runde gewichtige Taschenuhr« (584), keineswegs aber die richtige Überzeugung. So geraten Neffe und Onkel bei ihrem ersten längeren Gespräch schnell in einen ›Konfessionsstreit‹. Angesichts der großen Anzahl an alchimistischer Literatur in der Bibliothek des Onkels, zeigt sich Anton verwundert, ja empört:

> »Ja, Onkel – zuerst muß ich natürlich wissen: würdigst du diese alchimistischen Produkte nur als Anregungen für die Phantasie oder legst du ihnen auch außerdem einen anderen, wissenschaftlich exakten Wert bei?« [...] »Also, Onkel: du nimmst diese Bücher ernst? Du meinst, daß mehr darin steht, als nur individuelle entfesselte Phantastereien?« (589)

In der Tat ist der Onkel genau dieser Ansicht, während es der Neffe offensichtlich mit den harten Daten hält. Vor dem Hintergrund der vorangegangenen *Juvenilia*-Texte ist Anton Däubler mangelhaft ausgestattet, aber – und das scheint mir eine entscheidende Abweichung zu sein – er erlebt weder seine Phantasielosigkeit noch seine relative Unbelesenheit als Defizit.[147] Auch wortgewaltig ist er nicht gerade, und nur die geschickt gestellten Fragen des Onkels bringen seine »mühsame Schilderung« (582) etwas in Fluß. Als er später mit der koketten Berenice al-

---

147 Er ist im Gegenteil stolz auf das Wenige, das er überhaupt weiß. Zu der Bibliothek des Onkels bemerkt er: »Ich will ehrlich sein, das Meiste war mir unbekannt, aber ich hatte doch zuweilen die Genugtuung, daß der Alte zufrieden oder beistimmend brummte, wenn ich Namen und Titel las, Daten nannte, oder Stellen zitierte, aus denen ich etwas von dem Buche wußte.« (S. 587).

lein im Park ist, bringt er nur ein paar gestammelte Sätze heraus; nicht
nur weil er wie seine Vorgänger betont unerfahren im Umgang mit
Frauen ist (»[I]ch hatte bisher eigentlich kaum mit weiblichen Personen
gesprochen, oder gar sonst näheren Umgang gehabt« (602)), sondern
auch weil er nicht sehr viel zu erzählen hat.

Irgendwann vollzieht sich an Anton eine merkwürdige Verwand-
lung; und so unvermittelt, wie er sie an sich selbst registriert, erscheint
sie auch im Text. Während eines Spazierganges durch die Stadt mit Philipp von Gravenberg, einem seiner Freunde und Bruder Berenices,
merkt Anton plötzlich, daß er die (Natur-)Wissenschaftsgläubigkeit des
Freundes nicht mehr teilen kann.

> »[F]ür mich gibt es eben nur eine Welt, die des Naturgesetzes; ich
> gebe es zu, wenn wir Wissenschaftler etwas noch nicht entscheiden
> können, – also absolute Ehrlichkeit – aber ich lehne alles Geschwär-
> me von noch so reizend herausgeputztem Aberglauben oder Fee-
> reien aller Art ab. Wir haben nun einmal mehr als genug zu tun, die
> natürlichen Dinge zu sichten, zu untersuchen und auch zu verwal-
> ten, als daß wir uns mit Fabeln abzugeben die Zeit hätten.«
> »Ja, ja, schon recht,« erwiderte ich, absichtlich hochfahrend, um
> ihn zu rechter Offenheit zu reizen; denn ich fühlte, obwohl ich doch
> in früheren Jahren einverstanden mit solchen Gedankengängen ge-
> wesen war, wie sich irgend etwas in mir geändert hatte – oder nein,
> wie ich wieder ich selbst geworden war, und wie meine höchste Lust
> doch durch Phantastika aller Art erweckt wurde. (601)

So recht scheint Däubler nicht zu wissen, was *genau* sich in ihm verändert hat, nicht, was diese Veränderung verursacht hat. Die Strategie, den
Freund zur weiteren Ausführung seiner Position zu reizen, könnte interpretiert werden als Versuch, sich in Abgrenzung zum Gesagten Klar-
heit über den eigenen Standpunkt zu verschaffen. Von diesem Standpunkt müßte er auch dem Vorwurf Philipps etwas entgegenzusetzen
haben, wer abseits des exakten Weges nach Erkenntnissen suche, pro-
duziere »nichts als funkelnde Lügen – Weltflucht auch« (ebd.). Dies ist
angesichts seiner eigenen Formulierung nur schwer vorstellbar, da er
nicht die Vorstellung einer ›realen‹ Welt zurückweist, sondern sich nur
auf die »höchste Lust« bezieht, die »Phantastika« bei ihm erzeugen. Die
Bedeutung einer ›Rückkehr zum eigentlichen Ich‹ erschließt sich zu-

mindest der Leserin nicht, da dieses ›eigentliche Ich‹ nirgendwo im Text Spuren hinterlassen hat. Wie sicher sich Anton in dem Moment auch sein mag, sehr sattelfest ist er mit seiner neuen Überzeugung nicht, denn schon wenige Seiten später faßt er die zurückgewonnene Phantasie als Charakterschwäche auf:

> ich wußte, ich war sinnlos und ein schwächlicher Phantast, wie ich da, ein Spiel aller Dinge, dem rauschenden Winde dicht über mir lauschte und Worte durch mich liefen, als sei ich nur eine Gedankenlinse aus nachtgeteiltem Glas. (606)

Ein »Nacht[-]Gelüst« (ebd.) hatte ihn in die Situation auf dem Dachboden des Hauses gezwungen. Unfreiwillig sieht er sich dort vom Wunderbaren umstellt und begegnet dem Onkel, der in der Nacht auf seinem eigenen Dachboden als »riesige[r] Seefahrer« (ebd.) herumgeistert. Der Onkel zeigt keinerlei Anzeichen eines Erkennens seines Neffen und verschwindet wortlos in seinem Zimmer. Vor seiner eigenen Tür findet Anton eine offensichtlich vom Onkel fallen gelassene Schriftrolle, die er mit in sein Zimmer nimmt. Sie erweist sich als Seekarte einer »mir unbekannte[n] Küste mit großen Inseln und weit draußen liegenden sporadischen Eilanden und Sandbänken« (607). Anders als der Bibliothekar der *Insel* weiß Anton mit der gefundenen Karte nicht recht etwas anzufangen, auch wenn sie hier wie dort doch wohl den Zielpunkt einer Reise angibt. Nach Entzifferung der Inschrift «L'intrépide» bricht der Text ab. Unwahrscheinlich, daß Anton Däubler den Weg gefunden hätte.

### 1.5.2 Man lernt nur, die ‹Wirklichkeiten› reinlich zu trennen

Die Nachfolge der juvenilen ›Helden‹ wird in *Mein Onkel Nikolaus* nicht von dem jungen Anton Däubler, sondern von seinem titelgebenden Onkel übernommen. Er ist derjenige, der die ›richtigen‹ Bücher liest, für mehr als nur eine Wirklichkeit streitet und ein übermenschliches Wesen, wenn es ihm im bürgerlichen Gewand erscheint (wie Antun Wendler), erkennt. Zwar wird seine eigene Doppelexistenz kurz vor Textabbruch angedeutet, doch selbst Anton erkennt schon bei ihrer ersten Begegnung seine »mächtig[e] Kraft« (583). Auch die Wunden, welche die menschliche Existenz bei Peter Öflin, Christian Wicht und

Hans Flick hinterlassen hatten, sind in seinem Gesicht ablesbar: »eine senkrechte Falte ritzte sich tief in die hohe Stirn« (589).[148] Selbst Berenice zeigt sich mehr an ihm als an seinem Neffen interessiert – »wenn er so 30 Jahre jünger wäre« (602). Anders als in den vorangegangenen Texten sind aber sowohl das Alter als auch die erlittenen Beschädigungen nicht Einschränkung, sondern *Voraussetzung* seiner Souveränität. Nach dem Streit in der Bibliothek und einer kleinen Lehrstunde für den Neffen in der Vielgestaltigkeit von ›Wirklichkeit‹, weist er ihn zurecht mit dem Argument, »daß er eben ‹zu jung› [sei]« (589).

> Höre, Anton: Du mußt ein Leben lang Krieg und sein unsagbares Elend sowie seine Torheiten, dann Krankheit, Elend, die Furchtbarkeit der Trennung und Vergänglichkeit, und vieles, vieles Andere erlebt haben, bis du eingesehen hast, daß das Leben düstergrau, schrecklich, kalt und blind wie Eisen, oft von teuflischer Grausamkeit und vor allem durch und durch enigmatisch und dämonisch ist: siehst du, *das* meine ich, wenn ich dir jetzt sage, daß du dies – wie alt bist du? 23 Jahre! – ja, also, daß du dies noch gar nicht erlebt haben kannst. [...] [M]an lernt nur, die ‹Wirklichkeiten› reinlich zu trennen, und wie hinter diesem groben schmutzigen Vorhang, den der Pöbel eben Welt, Leben, Wirklichkeit, zu nennen pflegt, neue und seltsame Welten auftauchen.– Das ist ja zum Beispiel das ewige Thema der Insel Felsenburg. (590)

Nikolaus ist die erste Figur in Schmidts Werk, welche die eigene Beschädigung auf eine *wesentliche* Erfahrung der menschlichen Existenz zurückführt; das Leben *ist* durch und durch dämonisch; notwendig wird es auch dem Jüngeren die gleichen oder ähnliche Beschädigungen zufügen. Eine positive Bezugnahme auf die menschliche Existenz, wie sie in den vorigen Texten in verschiedenen Variationen versucht wird, ist unmöglich geworden. Gleichzeitig wird auf die Existenz anderer Lebensweisen/Wirklichkeiten weiterhin bestanden. Nur sind die Wirklichkeiten nun ›reinlich voneinander getrennt‹. Konnte noch in der *Holetschkagasse* und im *Rosenroth* die Essenz menschlicher Kulturleistung in den Wirklichkeitsbereich der Elementargeister importiert und einge-

---

148 Daß es sich hierbei um eine Narbe handelt, erweist sich in der ›Schlußszene‹ auf dem Dachboden: »Erst als er nahe war, erkannte ich, daß auf seiner Stirn ein feiner aber langer Riß klaffte, aus dem dicke Blutstropfen langsam perlten« (S. 606).

fügt werden und andersherum die Elementargeister in die Geschicke der Menschen eingreifen, stehen im *Nikolaus* die Wirklichkeiten unverbunden nebeneinander. Eine solche ›Spaltung‹ spiegelt sich in der Figur des Nikolaus: als er Anton in der Gestalt des Seefahrers begegnet, schaut er durch ihn hindurch und erkennt ihn nicht. Eine Durchdringung der Wirklichkeiten scheint unmöglich.

2. Teil

# Pharos oder von der Macht der Dichter

Ich werde es Ihnen erklären; der Genuß liegt gerade in dem allzu grellen Bewußt
sein der eigenenErniedrigung; in dem Bewußtsein, daß man an der letzten Mauer
angelangt ist; daß es zwar schändlich ist, aber auch nicht anders sein kann; daß man
keinen Ausweg hat, daß man nie und nimmer ein anderer Mensch werden wird; daß,
selbst wenn man noch Zeit und Glauben hätte, sich in etwas anderes umzuwandeln,
man wahrscheinlich selber eine solche Umwandlung nicht wollte; wollte man sie
aber, so ließe sich auch hier nichts ausrichten, weil es im Grunde genommen vielleicht gar nichts gibt, in das man sich umwandeln könnte.
(Dostojewskij: *Aufzeichnungen aus dem Kellerloch*)

Ich lasse alle Klammern offen, wie leere Schubladen meines hohlen Hauptes; sollen
sie doch nichtswürdig gaffend meine Erbärmlichkeit aufgähnen lassen, sollen sie
doch, ....
(Arno Schmidt: *Pharos oder von der Macht der Dichter*)

Das Interesse an *Pharos oder von der Macht der Dichter* ist in der Schmidt-
Forschung ungleich größer als das an den früheren Texten des *Juvenilia*-
Konvoluts. Dies liegt zum einen daran, daß *Pharos* einer der wenigen
Texte Schmidts ist, dessen Datierung problematisch ist.[149] Zwar findet
sich auf dem Typoskript eine vom Autor vorgenommene Datierung
(»Geschrieben August 1932 in Lauban, als erste Handübung in der
‹Neuen Form›« (637)), diese ist aber über eine ursprüngliche, unleser-
lich gemachte Eintragung geschrieben, so daß Zweifel an der Korrekt-
heit der Datierung auf 1932 bestehen. Neben dem biographischen und
werkgeschichtlichen Interesse, das den Arbeiten zur Datierungsproble-
matik des Textes zugrunde liegt, besteht ein durch die Mystifikation der
Entstehungszeit erzeugter »Entmystifizierungsdruck«[150] (vgl. zur Datierung 2.1).

Die zahlreichen Versuche, den *Pharos* zu datieren, sind aber nicht nur
dem Bestreben geschuldet, eine zeitliche Lücke in der Werkgeschichte
schließen zu können; der *Pharos* ist darüber hinaus vielfach als »eine wich-

---

149 In der Regel hat Schmidt seine Texte sehr genau datiert; vgl. dazu zum Beispiel
die Faksimile-Ausgabe des *Leviathan*, S. 8: »I.) *Einfall:* Traum 15. /16. 8. 46 / 2.) *Entwurf:*
2. 10. 46 / 3.) *Niederschrift:* / Begonnen: 3. 10. 46 / Beendet: 22. 10. 46 / 4.) Leviathan-
Theorie wurde auf Anregung Poe's hin von Juni–Oktober 46 erarbeitet. / Sch.«.
150 Friedhelm Rathjen: *Revelry by Night*, S. 35.

tige Schaltstelle in Schmidts Œuvre«[151] wahrgenommen worden. Eine genaue Datierung könnte Aufschlüsse über den Hintergrund dieser Entwicklung im Werk liefern. Eine Sonderstellung nimmt der *Pharos* zudem aufgrund der Tatsache ein, daß er, anders als die erst aus dem Nachlaß publizierten *Juvenilia,* mit einigen Abweichungen als Einlage im *Abend mit Goldrand* noch zu Lebzeiten·Schmidts veröffentlicht wurde.

Für alle Ansätze, die der Datierung der Herausgeber der Bargfelder Ausgabe – nach Herbst 1943 und vor Februar 1946 – folgen, liegt der Sonderstatus des *Pharos* vor allem in seiner Stellung zwischen *Mein Onkel Nikolaus* und *Enthymesis,* also zwischen den *Juvenilia* und dem Nachkriegswerk. Ich nehme diesen Zeitraum ebenfalls an und bezeichne den *Pharos* hinsichtlich seiner Zwischenstellung als ›Bindeglied‹ zwischen den *Juvenilia* und dem Nachkriegswerk. Über das Bindeglied *Pharos* können die in der Forschungsliteratur vielfach sehr disparat gehandelten Werkteile als durchaus zusammengehörig verstanden werden. Das bedeutet für meine Arbeit mit dem *Pharos,* daß ich diesen Text einerseits stark in den Kontext der *Juvenilia* einbinde und andererseits die Passagen betone, die im Nachkriegswerk, insbesondere im *Leviathan,* aufgegriffen und zu einer Kosmologie ausgebaut werden. Ich lese den *Pharos* auch als Ausdruck einer Krise in der Methodik des Entkommens, deren Anfänge weit in die *Juvenilia* zurückreichen und die erst mit dem *Leviathan*-Band und dem Entwurf einer neuartigen Methode des Entkommens gelöst wird. Es geht mir aber ausdrücklich nicht um die Beschreibung einer schrittweisen Überwindung der *Juvenilia,* wie dies offenbar Wolfgang Albrecht im Sinn hat, wenn er konstatiert, Schmidt sei zwar im *Pharos* zur neuen Form des Diariums vorgedrungen, habe aber darin »noch nicht [...] einen adäquaten, das heißt ideell und sprachlich ausgeprägt individualistischen Diaristen«[152] hervorgebracht. Auf dieser Grundlage wäre die Entscheidung Schmidts, den *Pharos* im *Abend mit*

---

151 ebd., S.35.
152 *Leuchtturm sein?,* S.175. Der Einschätzung, daß Schmidt im Nachkriegswerk »das Ich gegenüber den Antipoden fortan geistig souverän sein oder erscheinen« ließ (S.176), würde ich in dieser Schärfe nicht zustimmen. Das Aufbrechen der Monoperspektive läßt sich im Nachkriegswerk ebenso finden wie im *Pharos,* wenn auch ungleich maß- bzw. planvoller. Die vermeintliche Souveränität der Diaristen ab *Enthymesis* entlarvt der Text über meist kleine ›Bruchstellen‹ als Selbstinterpretation oder Pose, so daß die der Tagebuchform immanenten Grenzen überschritten werden. Eine Spannung zwischen ›erzählendem‹ und ›erlebendem‹ Ich ist gerade eine wesentliche Qualität der Schmidtschen Nachkriegsprosa.

*Goldrand* an, wie Bettina Clausen gezeigt hat, »prominenter Stelle des Gesamtkonstruktes«[153] einzufügen, kaum mehr nachvollziehbar; das Vertrauen des Autors in die frühe Erzählung ist offensichtlich groß genug, ihr diese Last aufzubürden.

Um die Stellung des *Pharos* im Werk Arno Schmidts zu beschreiben, muß geklärt werden, auf welcher *Ebene* sich Zusammenhänge, Übergänge oder Brüche ergeben. Auch wenn die erzählte Situation und Figurenkonstellation im *Pharos* sicherlich die neue Form des Diariums bedingt, die ihrerseits eine veränderte Sprache zu erfordern scheint, werden die Veränderungen, wenn man die Ebenen einzeln betrachtet, graduell unterschiedlich durch die vorigen *Juvenilia* vorbereitet. Während eine Rückkehr zu einer homodiegetischen Erzählsituation und eine Veränderung der Erzählerfigur bereits durch *Mein Onkel Nikolaus* vorbereitet wird, »überraschen der hohe Grad der Sprachreflexion und die Experimentierfreude«[154] im *Pharos,* da sich dieser Sprachwandel ebenso unvermittelt vollzieht, wie er für die Prosa der Nachkriegszeit Schmidts bestimmend bleibt. Zwar wird die brüchige und expressive Sprache des *Pharos* im Werk zu einer immer stärkeren Sprachreflexion weiterentwickelt, der Bruch mit dem zuckrigen Erzählton der *Juvenilia* ist aber endgültig.

Auf die Form des *Pharos* wird ein besonderes Augenmerk zu richten sein, da sich der Text selbst als Diarium ausweist, von Schmidt aber später zur Versuchsreihe »Musivisches Dasein«[155] gerechnet wird. Eine Spannung zwischen diesen beiden von Schmidt selbst unterschiedenen Formen ergibt sich zwar weit weniger für den *Pharos* als für die nachfolgenden Texte, da in diesen die Tagebuch-Fiktion aufrechterhalten und gleichzeitig überdehnt und aufgehoben wird. Die Leseransprachen und Anachronien der *Nobodaddy's Kinder*-Trilogie stören die Tagebuch-Fiktion empfindlich, aber auch schon die drei Texte des *Leviathan*-Bandes weisen textinterne Widersprüche mit der verwendeten diaristischen Erzählsituation auf. Da es offensichtlich nicht darum geht, die Authentizität des Textes (über die Form) zu betonen, ist der Frage nachzugehen, was die diaristische Erzählsituation gegenüber anderen internen Fokalisierungen leistet. Entgegen Schmidts eigenen Ausführungen werde ich dafür argumentieren, daß sich die Form Musivisches

---

153  Bettina Clausen: »'Tautra' usw«, S. 32.
154  Sudhoff: »Denn ich bin ein großer Zauberer!«, S. 82.
155  *Berechnungen II.* In: BA III/3, S. 283.

Dasein *sukzessiv* aus der Tagebuchform entwickelt, wobei sich beide Formen für einen Zeitraum von fünf Jahren überlagern. Am Anfang dieser Entwicklung steht das Diarium *Pharos* (vgl. dazu 2.2).

Die Herausgeber der Bargfelder Ausgabe argumentieren dafür, daß »Stil und Inhalt des PHAROS [...] eine Niederschrift der Erzählung *vor* dem letzten datierten Manuskript (also vor Herbst 1943) extrem unwahrscheinlich werden« (637) lassen. Meine Begründung dafür, daß der *Pharos* als Bindeglied gelesen werden muß, stützt sich weniger auf eine Untersuchung der stilistischen Unterschiede zwischen den vorherstehenden *Juvenilia* und dem *Pharos,* nicht auf einen Vergleich der Zeichensetzung, wie von Rathjen versucht,[156] sondern auf inhaltliche, vor allem motivische Indizien. Thomas Körber hat meiner Ansicht nach zu Recht darauf hingewiesen, daß auf diesem Weg gesichertere Hinweise zu erwarten sind, da Schmidt mit den »stilistisch sehr [von den übrigen *Juvenilia*] abweichenden Kindheitserinnerungen [...] zeigt, wie früh [er] bereits zur Verwendung unterschiedlichster Schreibstile fähig war«.[157] Mein Fokus wird deswegen gemäß der Bindeglied-Formulierung vor allem auf die *motivischen* Zusammenhänge zwischen *Juvenilia* und *Pharos* einerseits sowie *Pharos* und *Leviathan* andererseits gerichtet sein.

Damit wendet sich meine Arbeit explizit gegen Sudhoffs Auffassung, der *Pharos* »gehör[e] eigentlich nicht mehr zu den Juvenilia, sondern präludier[e] bereits das erste veröffentlichte Frühwerk«.[158] Obwohl die Methodik des Entkommens sich auch im Nachkriegswerk Arno Schmidts finden läßt, weichen die dort verfolgten Methoden signifikant von denen der *Juvenilia* ab. Wie *neuartige* Methoden im Werk nach dem *Pharos* entwickelt werden, werde ich ausblickend im Epilog dieser Arbeit anhand des *Leviathan* zeigen.

---

156 vgl. *Revelry by Night,* S. 39.
157 *Der Adept probt den Aufstand,* S. 10.
158 *»Denn ich bin ein großer Zauberer!«,* S. 82.

Der von Rathjen sogenannte »Entmystifizierungsdruck« entsteht nicht durch eine fehlende Datierung von Seiten des Autors, sondern durch die offensichtliche Ausradierung des Datums auf dem im Nachlaß gefundenen Typoskript. Über das ausradierte und unlesbar gemachte Datum ist in deutlich späterer Handschrift – laut den Herausgebern der Bargfelder Ausgabe »etwa aus der Zeit der Niederschrift von ABEND MIT GOLDRAND« – von Schmidt die Eintragung »Geschrieben August 1932 in Lauban, als erste Handübung in der ‹Neuen Form›« (637) vorgenommen worden. Dieses Datum wird in älteren Arbeiten übernommen[159], aber mit Herausgabe der übrigen *Juvenilia*-Texte im Rahmen der Bargfelder Ausgabe, mit Verweis auf stilistische und motivische Unterschiede zu den von 1937–43 entstandenen Texten, angezweifelt. Die Datierung auf 1932 wird entweder auf das Bemühen des Autors zurückgeführt, »seine tatsächliche Spätentwicklung zu kaschieren, sich zum jugendlichen Genie zu stilisieren«[160], oder auf seinen Versuch, »die Entstehung des PHAROS in das gleiche Lebensjahr zu verlegen, in dem der Martin Schmidt des ABEND den dort mit Veränderungen vorgelesenen PHAROS geschrieben haben will« (637).

Bedeutsamer als die Festschreibung auf August 1932 scheint mir aber die Unkenntlichmachung der ursprünglichen Datierung. Susanne Fischer hat darauf aufmerksam gemacht, daß der Autor »schwerlich davon ausgehen [konnte], daß ›1932‹ Nachlaßverwalter und Leserschaft überzeugen würde«,[161] da er den Text schon 1963 in *Caliban über Setebos* implizit auf 1941 datiert hatte. Dort will Georg Düsterhenn den *Pharos* während seiner Stationierung in Hagenau geschrieben haben:[162]

‹Hagenau›, ‹Die Nachtigall von Hagenau›: da war ich auch mal monatelang ‹in Garnison› gewesen; und hatte, möglicherweise post= hum durch besagten REINMAR inspiriert, eine neue Prosaform erfunden, ‹PHAROS oder von der Macht der Dichter›. 1 bös=artiger

---

159 So in: Shunichi Kubo: *Von »Pharos« zu »Leviathan«*; Gunar Ortlepp: *Klage aus der Bücherhöhle*; Jürgen Busche: *»Abend mit Goldrand« – Alterswerk und Jugendsünde*.

160 Peter Ahrendt: *Der Büchermensch*, S. 68.

161 *Datierung literarischer Texte*, S. 99.

162 vgl. *»Wu Hi?«*, S. 11 und 203.

Zufall hatte das Manuskript bis heute erhalten; ich beschloß endgültig, das Dinx in der nächsten Winterszeit dem stillen Heerd zu übergeben.[163]

In Briefen an Ernst Krawehl behauptet Schmidt zudem in den fünfziger Jahren explizit, den *Pharos* 1940 geschrieben zu haben.[164] Die Vielzahl der Datierungsangebote läßt darauf schließen, daß das vorrangige Interesse des Autors darin bestanden hat, die wirkliche Entstehungszeit des Textes zu verbergen. Wie die Herausgeber der Bargfelder Ausgabe würde ich keinem der offerierten Daten folgen wollen (vgl. S. 637). Diese Spurenverwischung drückt sich auch in der lapidaren Anmerkung »Scheint Tinnef? 8. XI. 1958 Sch. (nur ‹historisch› intressant)« (ebd.)[165] aus, die sich ebenfalls auf dem Typoskript befindet, da sie auf den emotional aufgeladenen *Pharos* so gar nicht passen mag.

Der verbleibende Zeitraum von Ende 1943 bis Anfang 1946 ist nach Herausgabe der *Juvenilia* in verschiedenen Aufsätzen einzuschränken versucht worden. Friedhelm Rathjen argumentiert mit Verweis auf den Schauplatz Benefeld / Cordingen in *Schwarze Spiegel* – eine Gegend, die Schmidt erst Ende 1945 kennenlernte – dafür, daß nicht *Schwarze Spiegel,* sondern *Pharos* das in den *Berechnungen* angegebene Längere Gedankenspiel seiner »Kriegsgefangenschaft, 1945, im Stacheldrahtkäfig vor Brüssel«[166] sein müsse und der *Pharos* entsprechend auf August 1945 zu datieren sei.[167] Rathjen räumt allerdings ein, die mögliche Datierung auf 1944 »in Ermangelung jedweden Materials überhaupt nicht ventiliert«[168] zu haben. Bettina Clausen versucht über versteckte Hinweise im Werk, Material für die Zeit nach dem Herbst 1943 zusammenzutragen, und argumentiert dafür, die im Südmeer gelegene Leuchtturminsel des *Pharos* (»irgendwo südöstlich von Tutuila jedenfalls« (613)) an die ihr komplementär entgegengesetzte Tautra-Insel vor dem norwegischen Stützpunkt zurückzubinden.[169] Die Verortung nach Norwegen –

163  *Caliban über Setebos.* In: BA I/3, S. 483.
164  vgl. Fischer: *Datierung literarischer Texte,* S. 99 (Fußnote 8).
165  1958 hatte Schmidt erwogen den *Pharos* in *Nebenmond und rosa Augen* einzufügen, sich dann aber für die Einlage *Geschichte der Teufelin* entschieden. Vgl. S. 655.
166  *Berechnungen II.* In: BA III/3, S. 278.
167  *Revelry by Night,* S. 41 f. Rathjen geht davon aus, daß zumindest die *Monatsangabe* entweder des Vermerks »Geschrieben August 1932« oder der im Text gemachten Angaben (März / April) korrekt sein müssen und kommt auf diesem Weg auf den Sommer 1945, nachdem er den März / April 1945 ausschließen konnte.
168  ebd., S. 42.
169  vgl. »›Tautra‹ usw«, S. 40–51.

und damit in den Zeitraum von Herbst 1943 bis Herbst 1944 – würde einen Reflex der verhaßten Soldatenexistenz auf die im *Pharos* bestimmenden Schuld- und Schamgefühle erklären können. Dies scheint mir in Hinblick auf den Ton der Erzählung sehr viel plausibler als der Vorschlag von Rudi Schweikert, »eine Niederschrift von ›Pharos‹ könnte [...] auch nach der Zeit der Kriegsgefangenschaft liegen«.[170] Für Schweikert ist das zentrale Motiv des *Pharos* das des Schiffbruchs, den Schmidt erst mit dem Verlust von Bibliothek und Wohnung erlitten habe. Zwar zieht Schweikert eine einschlägige Passage aus *Abend mit Goldrand* heran,[171] die seiner Einschätzung widerspricht, die »Trennung von Frau, Hab und Gut [...] [sei] letztendlich doch als vorübergehend zu empfinden« (ebd.) gewesen, scheint ihr aber, im Gegensatz zu mir, keine hohe Überzeugungskraft beizumessen.

Festzuhalten bleibt, daß es bislang noch nicht gelingen konnte, den *Pharos* endgültig innerhalb der Zeitspanne Herbst 1943 bis Februar 1946 zu datieren. Über diesen Zeitraum und damit über die Stellung des *Pharos* zwischen den *Juvenilia* und dem Nachkriegswerk besteht aber in der jüngeren Forschungsliteratur Einigkeit.

Die Schwere der mit dem *Pharos* vollzogenen Veränderung läßt sich schon auf dem Titelblatt ablesen: die Angabe ›Kleinvölkel-‹ oder ›3 Mohrenverlag: Eilysion‹ unterbleibt – die Aufgabe der (unter 1.3.2 dargestellten) textexternen Methode des Entkommens ist hiermit angezeigt. Statt der Widmung ›für Alice‹, die alle bisherigen *Juvenilia* tragen, ist der *Pharos* »Dem Rabengott –« (609) zugeeignet. Der Stimme des Poeschen, beständig »Nevermore«-krächzenden Raben wird nachzugehen sein. Der Titel selbst steht in der Reihe der auch in den ersten Nachkriegstexten verwendeten »oder«-Subtiteln (*Enthymesis oder W.I.E.H., Leviathan oder Die beste der Welten, Gadir oder Erkenne dich selbst, Alexander oder Was ist Wahrheit*). Wie diese ist der *Pharos* nicht mehr in eine vermeintlich bessere Vergangenheit zurückverlegt, sondern in einer diffusen Gegenwart situiert.[172]

---

170 *Weitere Überlegungen zur Datierung*, S. 25.

171 *Abend mit Goldrand*. BA 4/3, S. 188: »Ich denke da an Norwegn: wenn man da so in den Stützpunktn saß – jahrelang; ohne Urlaub; (ohne Aussicht auf Kriegsende & Heimkehr)«.

172 Die Antike-Erzählungen *Enthymesis, Gadir, Alexander* und *Kosmas* sind zwar zurückverlegt, die Vorstellung einer besseren Vergangenheit wird mit ihnen aber gerade aufgegeben. Zur Verwendung des antiken Materials vgl. Reinhart Herzog: *Glaucus Adest.*

## 2.2 Erste Handübung in der ‹Neuen Form›

Schmidt selbst lenkt mit dem wohl zur Zeit der Niederschrift von *Abend mit Goldrand* vorgenommenen Kommentar »erste Handübung in der ‹Neuen Form›« (637) den Blick von der brisanten Konstellation des *Pharos* auf die formal-ästhetische Qualität des Textes. Folgt man den *Berechnungen II*,[173] dann gehört der *Pharos* zur großangelegten Versuchsreihe I neuer Prosaformen, zu der von Schmidt sogenannten Reihe »Musivisches Dasein«:

> Ich habe mir für die Versuchsreihe I (Musivisches Dasein) 15 – formal selbstverständlich scharf von einander unterschiedlich zu behandelnde – Themen entworfen, von denen ich bisher 8 erledigt habe (Nr. 8, »Das steinerne Herz«, hat inzwischen einen Verleger gefunden; die durch Zufall erhalten gebliebene Jugendarbeit »Pharos« rechne ich nicht).[174]

Den neuen Prosaformen »Musivisches Dasein«, »Erinnerung«, »Längeres Gedankenspiel« und »Traum«,[175] die sämtlich an »unsere[m] mangelhaften Sinnesapparat«[176] orientiert sind, stehen die älteren Prosaformen Roman, Novelle, Briefroman, Gespräch und Tagebuch gegenüber, die »ausnahmslos als Nachbildung soziologischer Gepflogenheiten entwickelt wurden«.[177] Diese älteren Formen seien keinesfalls obsolet, sondern für die Behandlung bestimmter Themenkomplexe durchaus

---

173 Trotz des mathematischen Anstrichs, den Schmidt seinen theoretischen Schriften gibt (vgl. Rüdiger Zymner: *»Rein« und »angewandt«*), der sich auch in den Titeln *»Berechnungen, Berechnungen I, II, III«* niederschlägt, sind seine Ausführungen vielfach weder begrifflich scharf noch mühelos auf die Prosaschriften übertragbar, zu deren Erklärung sie dienen sollen. Es scheint mir dennoch sinnvoll, die Begrifflichkeiten Schmidts so weit wie möglich zu übernehmen, da sie zum Verständnis der Prosaschriften durchaus *beitragen* können. Korrekturen an den Erklärungsmodellen der *Berechnungen* nehme ich nur dort vor, wo dies unmittelbar für das Verständnis der Position des *Pharos* im Werk nötig ist.

174 *Berechnungen II.* In: BA III/3, S. 283.

175 Zur Prosaform ›Traum‹ vgl. exemplarisch Ulrich Goerdtens Lektüre von *Windmühlen* (Goerdten: *Symbolisches im Genitalgelände*) und *Kühe in Halbtrauer* (ders.: *Zeichensprache, Wurzelholz und Widerstand*).

176 *Berechnungen I.* In: BA III/3, S. 167.

177 ebd., S. 163.

noch angemessen. Eine Sonderstellung nimmt innerhalb dieser älteren Formen das Tagebuch ein, da es sich bereits dem subjektiven Erleben zuwendet.

> 1 einziges Mal, dies sei gern bescheinigt, wurde auch innerhalb der ‹älteren Gruppe› ein Schrittchen getan, diesen Circulus der gesellschaftlichen Gepflogenheiten zu verlassen: einzelne denkende Geister probierten das ‹Tagebuch›, und machten so den ersten Versuch zur Bewältigung innerer, subjektiver, Vorgänge.[178]

Als die »organische Fortsetzung«[179] der älteren Prosaform Tagebuch wäre laut Schmidt in der modernen Literatur der Innere Monolog zu bezeichnen, wie er sich exemplarisch in James Joyces *Ulysses* zeige. Diese Genese des Inneren Monologs oder stream of consciousness aus dem Tagebuch scheint aber nicht sehr zwingend, da eine Organisation von Gedankengängen im stream of consciousness nicht vorgesehen ist.[180]

Zwar betonen sowohl die Form des literarischen Tagebuchs wie des stream of consciousness die Authentizität des Erzählten und bieten die Möglichkeit der Zusammenstellung sehr unterschiedlicher und unter Umständen inkohärenter Teile, die Darstellung eines stream of consciousness wäre aber in einer Tagebuch- oder tagebuchähnlichen Form nur schwer vorstellbar, da der Diarist konsequent auf eine Auswahl und Anordnung der eigenen Gedankengänge verzichten und gleichzeitig die äußeren Einflüsse darstellen müßte. Es ist zwar nicht völlig auszuschließen, daß ein solches Tagebuch möglich wäre, da es bezüglich des Tagebuchs »keinerlei Maß und Regel, weder in bezug auf den Inhalt noch auf den Umfang oder die äußere Form«[181] gibt, eine *Tagebuch-Fiktion* müßte sich aber wohl auf zumindest einige *typische* Eigenschaften berufen. Sowohl eine Textorganisation über datierte Einträge, wie Selbstreflexionen, erzählende Teile, starke Raffungen und Auslassun-

---

178 *Sylvie & Bruno. Dem Vater der modernen Literatur zum Gruß!* In: BA III/4, S. 257.
179 ebd., S. 258.
180 Schmidt definiert den Inneren Monolog als »die möglichst exakte Wiedergabe des Gemisches aus subjektivem Gedanken=Stromgeschnelle plus Dauerberieselung durch eine Realität« (ebd.).
181 Peter Boerner: *Tagebuch,* S. 11.

gen stehen der Form des stream of consciousness aber entgegen. Zudem scheint sich die Situation des Diariierens relativ stark von der im stream of consciousness zu unterscheiden: der Diarist entscheidet sich zu diesem Zeitpunkt gerade, seinen Gedankengängen bewußt nachzugehen und sich selbst zum Gegenstand seines Erzählens zu machen, während im stream of consciousness der Innenraum einer Figur ausgeleuchtet wird. Die Verbindung von Tagebuch und stream of consciousness, die Schmidt aufzeigen will, ist insofern überraschend, als die Verbindung zwischen dem Tagebuch und einer *seiner* neuen Prosaformen viel naheliegender scheint und er zudem für einige Texte dieser Versuchsreihe eine diaristische Erzählsituation wählt. In den *Berechnungen I* wird die Entstehung der neuen Prosaform Musivisches Dasein wie folgt erklärt:

> Eine zweite »neue Prosaform« ergab sich mir aus folgender Überlegung: man rufe sich am Abend den vergangenen Tag zurück, also die »jüngste Vergangenheit« (die auch getrost noch als »älteste Gegenwart« definiert werden könnte): hat man das Gefühl eines »epischen Flusses« der Ereignisse? Eines Kontinuums überhaupt?
> Es gibt diesen epischen Fluß, auch der Gegenwart, gar nicht; Jeder vergleiche sein eigenes beschädigtes Tagesmosaik![182]

Sich am Abend eines Tages die jüngste Vergangenheit zurückzurufen und zu versuchen ihrer habhaft zu werden, erinnert sicherlich sehr stark an eine typische Form von Diariieren (wobei die Tageszeit natürlich keine Rolle spielt). In einem solchen Tagebuch wird ähnlich dem Musivischen Dasein nur eine Auswahl der Erlebnisse, Gedankengänge, Lektüreeindrücke usf. zum Ausdruck gebracht. Von hier aus kann gleichzeitig der Unterschied zwischen Musivischem Dasein und stream of consciousness festgehalten werden:[183] Selbst wenn Schmidt von »ältester Gegenwart« spricht, ist diese eben doch schon vergangen und wird einer nachträglichen Inspektion unterzogen. Darüber hinaus hat das Textbild der Form Musivisches Dasein Ähnlichkeiten mit dem ei-

---

182 *Berechnungen I.* In: BA III/3, S. 167.
183 Schmidt betont eine große Nähe zwischen dem stream of consciousness Joycescher Prägung und der Versuchsreihe III (Längeres Gedankenspiel). Vgl. dazu insbesondere *Erläuternde Notizen zu KAFF auch MARE CRISIUM.* In: BA I/3, S. 543–547 und *Sylvie & Bruno.* In: BA III/4, S. 258ff.

nes Tagebuchs: Der Übergang von datierten Textblöcken zu dem dem Gegenwartserleben angemessenen »epischen Wassersturz«[184] ist im Werk Schmidts fließend.

Eine Verbindung von Tagebuch und Musivischem Dasein wird von Schmidt allerdings in keiner seiner theoretischen Schriften erwähnt oder angedeutet und die Verwendung eines Tagebuchs als Folie für literarische Texte scharf und polemisch zurückgewiesen:

[D]er Verfasser, der sich als mögliches Fachwerk für sein Buch das TB [= Tagebuch] wählte, kapitulierte damit vor dem Form=Problem. Das TB ist das Alibi der Wirrköpfe; ist einer der Abörter der Literatur![185]

Dagegen steht, daß sich die ersten nach dem Krieg veröffentlichten Texte Schmidts klar als Tagebücher des Ich-Erzählers ausweisen. *Enthymesis* beginnt mit der Eintragung:

*3. Tag*
Wir haben heut alle mehr Schritte gebraucht; der Wind kam zu heftig und kalt.[186]

und endet mit einem Nachtrag, daß »sein [Philostratos'] Tagebuch«[187] gefunden worden ist und zur Begutachtung überlassen wird. Unter diesem Blickwinkel ähneln sich alle drei Texte des *Leviathan*-Bandes sehr stark. In *Gadir* wird ebenfalls in einer nachgestellten Textpassage das, »was er [Pytheas] schrieb«[188], aufgefunden und verschickt. Die erste Eintragung im *Gadir* reflektiert zudem, angezeigt durch den Tempuswechsel, auf die Situation des Diariierens:

52 Jahre 118 Tage
Zuerst pfiff der Eine. – Als sie das nächste Mal vorbeischlenderten, war dasselbe näselnder Gesang: »Oh, Fräulein Mirjam: wenn ich mit Ihnen tanz' – tz tz, tz tz…«, der Rest Lautmalerei, Schnalzen und Ft Ft; der Andre, wohl Ältere, lachte knurrig. – Schöner Mond; was man zur Hand nimmt ist aus Silber.[189]

---

184 *Berechnungen II*. In: BA III/3, S. 275.
185 *Eines Hähers »: Tué!« und 1014 fallend*. In: BA III/4, S. 393.
186 *Enthymesis*. In: BA I/1, S. 9.
187 ebd., S. 31.
188 *Gadir*. In: BA I/1, S. 75.
189 ebd., S. 57.

Ein vorangestellter Brief weist im *Leviathan* den nachstehenden Text als Aufzeichnungen des namenlosen Ich-Erzählers aus; den einzelnen Textblöcken ist eine Datums- bzw. Uhrzeitangabe vorangestellt. Die Texte der *Nobodaddy's Kinder*-Trilogie beginnen ebenfalls mit Datumsangaben, auch wenn diese ab *Schwarze Spiegel* eingeklammert werden.[190] Die Überschriften der drei Abschnitte in *Brand's Haide* und die Numerierung der Abschnitte in *Schwarze Spiegel* und in *Aus dem Leben eines Fauns* zeigen an, daß eine vom Ich-Erzähler zu unterscheidende Erzählinstanz zumindest an diesen Stellen in den Text eingegriffen hat. Die folgenden Erzählungen weisen keinerlei Anzeichen eines Tagebuchs mehr auf, ohne daß diese Veränderung sehr augenfällig würde, da die Rastertechnik des Musivischen Daseins schon innerhalb der *Nobodaddy's Kinder*-Trilogie etabliert wird.

Es liegt also nahe, Schmidts Aussage einer planvollen, systematischen praktischen Umsetzung der neuen Form Musivisches Dasein ab dem *Pharos* dahingehend zu revidieren, daß Bezeichnung und Fundierung dieser neuen Form etwa aus der Zeit der Niederschrift von *Berechnungen* (1953, also um die Zeit der Niederschrift von *Aus dem Leben eines Fauns*) stammen und die davor liegenden Texte *nachträglich* unter diese Form subsumiert worden sind. Dafür spricht auch, daß in den *Berechnungen I* das Musivische Dasein noch als die »zweite ›neue Prosaform‹«[191] und damit das Fotoalbum als die erste von ihm entwickelte Form bezeichnet wird.[192] Erst in den *Berechnungen II* wird das Musivische Dasein als

---

190  *Brand's Haide.* In: BA I/1, S.117: »*21.3.1946:* auf britischem Klopapier. / *Glasgelb lag der gesprungene Mond, es stieß mich auf, unten im violen Dunst (später immer noch)*«; *Schwarze Spiegel*, S.201: »*(1.5.1960) / Lichter? (ich hob mich auf den Pedalen) – : – Nirgends. (Also wie immer seit den fünf Jahren).*«; *Aus dem Leben eines Fauns*, S.301: »*(Februar 1939) / Auf die Sterne soll man nicht mit Fingern zeigen; in den Schnee nicht schreiben; beim Donner die Erde berühren*«. Die zwischen dem *Leviathan*-Band und der *Nobodaddy's-Kinder*-Trilogie liegende *Alexander*-Erzählung ist ebenfalls über datierte Einträge organisiert. Das, was nach dem Datum folgt, erweckt nicht mehr den Eindruck eines Tagebuchs. Allerdings betont der Erzähler in *Schwarze Spiegel* selbst den Tagebuchcharakter des Textes: »Ich möchte wissen, warum ich überhaupt noch diariiere« (S.229).
191  *Berechnungen I.* In: BA III/3, S.167.
192  Das Textbild des Fotoalbums setzt wohl die bewußte Schöpfung einer neuen Form voraus. Eine strenge Unterscheidung der Formen Fotoalbum und Musivisches Dasein allerdings ist zur Zeit der gemeinsamen Veröffentlichung von *Die Umsiedler* und *Alexander* (1953) scheinbar noch nicht vorgenommen worden, da beide dort laut Untertitel zu *einer* Versuchsreihe gehören (vgl. BA I/1, S.515: »2 prosastudien (kurzformen zur wiedergabe mehrfacher räumlicher verschiebung der handelnden bei festgehaltener einheit der zeit).«).

Versuchsreihe I der Versuchsreihe II (Fotoalbum) vorgeordnet. Soweit ist die verdeckte Entwicklung des Musivischen Daseins aus einer diaristischen Erzählsituation nicht weiter problematisch; eine Verwirrung setzt erst angesichts der Phänomene ein, die eine Tagebuch-Fiktion aller Texte nach dem *Pharos* empfindlich stören, wenn nicht gar aufheben. Daß Edgar Dacqué (1878–1945) in einem Tagebuch des dritten vorchristlichen Jahrhunderts erwähnt wird,[193] stützt eben die Fiktion eines authentischen Tagebuchs nicht sonderlich. Ähnliches gilt, wenn der vorangestellte Brief des Amerikaners im *Leviathan* datiert ist auf eine Zeit, in der die US-amerikanischen Streitkräfte Berlin, wie im Briefkopf angegeben, noch nicht erreicht hatten.[194] Damit wird allerdings nur die Fiktionalität des jeweiligen Tagebuchs betont. Anders verhält es sich mit den textinternen Widersprüchen zum Tagebuch: In *Gadir* erweist sich die im Tagebuch beschriebene Flucht aus dem Gefängnis, in dem Pytheas seit zweiundfünfzig Jahren einsitzt, durch den Nachtrag als Fluchtphantasie (Längeres Gedankenspiel) eines Sterbenden. Der Sterbeprozeß läßt sich bei nochmaliger Lektüre im Text verfolgen, so daß es unmöglich scheint, die Fluchtphantasie als Diarium auffassen zu können. Parallel dazu kann der ebenfalls sterbende Philostratos in *Enthymesis* nicht mehr »die Finger heben; sie waren reglos«[195]; der Text ist damit aber nicht zu Ende. Die Leseransprachen der *Nobodaddy's Kinder*-Trilogie (»Ein Kiesel der Beschotterung: lebt länger als Sie, Herr Leser Irgendein!«[196]) belasten ebenfalls die Glaubwürdigkeit der Tagebuch-Fiktion. Die Spannungen, die zwischen der diaristischen Erzählsituation und diesen Phänomenen entstehen, damit zu erklären, daß dem Autor hier Fehler unterlaufen wären, kann angesichts der Quantität und Qualität der Phänomene kaum überzeugen und stellt zudem eine vorschnelle Kapitulation vor offensichtlich wichtigen Bestandteilen der Schmidtschen Prosa dar.[197]

Sinnvoller scheint es dagegen, zunächst festzuhalten, daß die Handhabung der diaristischen Erzählsituation recht locker und inkonsequent

193 *Enthymesis.* In: BA I/1, S.11.
194 Der vorangestellte Brief des *Leviathan* ist auf »20 th May 45« (BA I/1, S.35) datiert. Die US-amerikanischen Streitkräfte waren aber erst ab Juni 1945 in Berlin.
195 *Enthymesis.* In: BA I/1, S.31.
196 *Schwarze Spiegel.* In: BA I/1, S.218.
197 So z.B. Wolf-Dieter Krüger, der sich schlicht »bestürzt-verwirrt und ratlossprachlos vor dieser Anhäufung von Anachronismen und Falschem« zeigt (*Bruch mit Brockes*, S.105).

ist; das heißt, daß die Destabilisierung der Tagebuch-Fiktion durch die Anachronismen, Leseransprachen usf. offensichtlich in Kauf genommen wird. Von hier aus ist zu fragen, welche *Vorteile* die Verwendung der diaristischen Erzählsituation gegenüber anderen internen Fokalisierungen überhaupt bietet, denn erzähllogisch ist sie in keinem der Texte nötig.[198] Der wichtigste Unterschied zwischen dem Diarium und anderen Formen scheint in diesem Zusammenhang zu sein, daß nur in der diaristischen Erzählsituation *innerhalb* der erzählten Welt ein materieller Text entsteht, der die erzählte Welt selbst umfaßt. Mit der Materialität des Tagebuches wird insbesondere in den Texten des *Leviathan*-Bandes durchaus gearbeitet, indem das jeweilige Diarium gefunden, weggeschleudert (»Da schlenkere ich das Heft voran: flieg. Fetzen.«[199]) oder verschickt wird. Das Interesse an einer nicht nur erzählenden, sondern *schreibenden Ich-Stimme* ist offenbar dominanter als der Anspruch einer konsequenten und stimmigen Tagebuch-Fiktion. Der Vorteil der im eingeschränkten Sinn zu verstehenden ›diaristischen‹ Erzählsituation wäre also die Möglichkeit, den Vorgang des Schreibens innerhalb der erzählten Welt zu repräsentieren. In der *Nobodaddy's-Kinder*-Trilogie deutet sich an, daß es um die Präsenz der Schreibtisch-Szene nicht der jeweiligen Figur, sondern des Autors geht (»und Sie müßten mal meinen Bleistift rauschen hören, wie ich schreibe!«[200]). Unter der Voraussetzung, daß der Text nicht als Diarium der Figur Schmidt aufzufassen ist, löst sich in der folgenden Passage aus *Brand's Haide* die schreibende von der erzählenden Figur ab und ist als Ich-Stimme des tippenden Autors Schmidt zu erkennen:

> *Öreland:* dies hab ich am 22.3. gegen Morgen get-
> (bäh! wird grade getrennt!)räumt; kein Wort ver-
> stellt! (Wie auch die andern Träume im Leviathan!
> Bin ein Bardur in der Hinsicht.)[201]

198 Anders als beispielsweise in André Gides *Die Falschmünzer,* wo die Figuren über das Auffinden des Tagebuchs etwas übereinander erfahren, was sie sich nicht erzählen würden.
199 *Leviathan.* In: BA I/1, S.54.
200 *Aus dem Leben eines Fauns.* In: BA I/1, S.378.
201 *Brand's Haide.* In: BA I/1, S.124. Vgl. dazu Bettina Clausen, die eben jene Passage als Anfangspunkt ganz anders gearteter Entkommensmethoden beschreibt: »Wie statt [der frühen Elysien] aber das litterale Textuniversum *selbst,* unabhängig vom darin Erzählten, zum Aufenthaltsraum werden kann – zum Spätwerk weit ausgedehnten –, das deutet sich im zitierten Exempel schon an.« (*Existenz textintern*).

Am Anfang dieser Entwicklung steht das Diarium des Gestrandeten im *Pharos.* Anders als im Nachkriegswerk wird hier der Rahmen der Tagebuch-Fiktion eingehalten. Unterscheiden lassen sich (durch einen Tempuswechsel angezeigt) bei fast jeder Eintragung ein ex post erzählter Teil (über die Ereignisse des Tages) von einem auf den Augenblick des Schreibens bezogenen Teil, wie dies sicher einer konventionellen Vorstellung von Diariieren entspricht.

> 18. März. Abend. Bin müde (gute, starke Müdigkeit). Wir haben den ganzen Tag in den Korallenbänken gefischt und getaucht. [...]
> Das Wetter war enorm heiß, so daß die kleine kristallklare Lagune förmlich dampfte, und das Wasser war wie eine zweite Luft. Ich bin schon verbrannt wie Robinson Crusoe. – Gegen Abend im Nordwesten wieder der helle Punkt, deutlicher als je. Es scheint doch ein Kap zu sein, aber *mindestens* 50 km weit! (Schwimmen!? – Aber Haifische?? –) Nachts: Eine ganz helle große Mondsichel weckte mich auf einen Augenblick. Was man zur Hand nimmt ist aus Silber. – (613f.)[202]

Auf den zwei letzten Seiten des *Pharos* verliert sich diese Unterscheidung zugunsten einer durchgängigen Ex-post-Erzählung. Ausgenommen werden muß die Nibelungen-Szene am Schluß, in der beide Figuren miteinander um Tod oder Leben kämpfen; sie wird unmittelbar auf der Szene erzählt.

> Erster Akt – haha! –
> Er steht unheimlich groß im weiten Sturmmantel am Fenster [...]
> Du wirfst nach mir?! – Warte: –
> Hinein; gebläht und windend; und giftiges Feuer aus den quellenden Augen – da: schon wieder getötet. – (631f.)

Zwar fällt die Darstellung der Nibelungen-Szene aus dem Rahmen, zwingt aber nicht, wie in den späteren Texten, zu einer eingeschränkteren Auffassung von diaristischer Erzählsituation, da die Szene gleich-

---

202 Die zuvor angeführte erste Eintragung in *Gadir* enthält ein Zitat des letzten Satzes dieser Passage. Die Nutzung des *Pharos* und anderer juveniler Texte als Steinbruch für spätere Texte beschränkt sich nicht auf diese Stelle, ist aber hier besonders interessant, da es sich gerade um die Wiederaufnahme einer Schreibtischszene handelt.

wohl als ex post niedergeschrieben verstanden werden *kann,* nur daß eine unmittelbare Darstellungsform gewählt wird. Zudem ist über die gegen Ende einsetzende Geistesschwäche des Diaristen eine Verwirrung der Zeiten in gewissem Sinn abgesichert.

Rangiert das Tagebuch in den *Dichtergesprächen* noch hinter dem Gespräch, das »am unmittelbarsten wirkt« (282), liegt der Reiz des *Pharos* neben der Erzeugung des Eindrucks von Unmittelbarkeit offensichtlich stärker in der Gebundenheit der Wahrnehmungen an eine einzelne Figur. Damit wird zwar die Figur des Leuchtturmwärters nur durch die Augen des Diaristen betrachtet, dieser erhält aber dagegen eine Stimme, die sich selbst Mut zuspricht, flucht, weint, zittert, triumphiert, sich selbst verhöhnt, doziert und dabei das Geschehen erzählt. Diese Stimme des *Pharos* stellt eine neue Qualität von Ich-Erzähler dar, wie sie die vorigen *Juvenilia* nicht kennen, da dem *Erleben* der Figur vor der Schilderung einer komplexen Handlung Priorität eingeräumt wird. Durch die Konstruktion einer schwächlichen und unterlegenen Erzählerfigur wird eine Spannung zwischen der Skepsis der Leser(innen) gegenüber dieser Figur und der Abhängigkeit von ihren Wahrnehmungen aufgebaut. Da diese sich im *Pharos* als letztlich unlösbar erweisen, bleibt der Text irritierend.

## 2.3 Der gute Leser im Turm: Der Leuchtturmwärter

Das im Titel des frühesten Juvenilia-Textes evozierte Insel-Motiv wird mit dem *Pharos* wieder aufgenommen. Anders aber als in der *Insel* steht hier nicht die Reise zu einem insularen Ort im Vordergrund, sondern der *Pharos* setzt sechsundzwanzig oder siebenundzwanzig Tage nach dem Schiffbruch des tagebuchschreibenden Literaturwissenschaftlers ein und umfaßt den ungefähr zwei Monate währenden Aufenthalt auf der Leuchtturminsel, auf der er gestrandet ist. Was vor und nach diesem Zeitraum liegt, bleibt weitestgehend im Dunkeln – weder erfährt die Leserin etwas über die Umstände und Ursachen des Schiffbruchs noch darüber, ob der am Ende geäußerte Wunsch nach einer Rückkehr »zu den dürren Menschen« (632) sich erfüllt. Der *Pharos* erzählt vom Kampf des Diaristen mit dem einzigen Bewohner der Insel, dem ihm in allen Belangen überlegenen Leuchtturmwärter. Dieser behandelt den Gestrandeten »wie ein kaum geduldetes Haustier« (615), bis der Schwächere sich gegen seinen Unterdrücker erhebt und ihn heimtückisch umbringt. Diese grobe Charakterisierung wird im Verlauf des Kapitels nicht nur zu ergänzen sein, sondern erhebliche Revisionen erfahren; zu einer ersten Orientierung mag sie aber genügen.

Der erste Satz des *Pharos* bringt ein Gefühl des Ausgeliefertseins des Diaristen an den Leuchtturmwärter zum Ausdruck:

13. März. Heut hat er mir das Heft hingeworfen; es sind 16 Tage her, daß ich ihn zu fragen gewagt hatte. Ich war schon so gleichgültig geworden. (611)

Die Beschreibung dieses Verhältnisses zwischen dem Ich und seinem Gegenüber bleibt für den gesamten Text bestimmend; die fortwährenden Benennungen des Gegenübers sprechen für den Versuch des Diaristen, ihm (und sich selbst) eine Position zuzuweisen. Die Vielzahl der Kennzeichnungen durch den Diaristen vermittelt den Eindruck eines »seltsamste[n] Wesen[s]« (622), da sich die Akzentuierung der Kennzeichnung im Textverlauf verschiebt. Nennt der Diarist zu Beginn den anderen »dieses Tier« (611), »Tyrann« (612), »Rohling« (613) und »Schuft« (ebd.), treten nach einem Sturm und gemeinsamem Aufenthalt in dem Turmzimmer des Bewohners zunehmend göttliche Attribute in den Vordergrund. Beim Fischen erscheint er mit dreizackigem Speer wie

»Poseidon« (613), wenig später trotz vermeintlicher Primitivität mit »einer hohen Zeusstirn« (615) ausgestattet. Im Kampf mit dem schwarzen Rochen erkennt ihn der Diarist als weißen Teufel (626), nach seinem Tod fühlt sich der Diarist »allein mit ihm Gott, den ich Larve stach« (632). Zusammengenommen ergibt sich also eine Verbindung von Bedrohlichem und Göttlichem in der Figur des Leuchtturmwärters, die in den Elementargeistern der ›Märchenserie‹ Jan van der Meer, Rure und Mälan vorgeprägt ist. Im *Rosenroth* gerät Christian Wicht unter den prüfenden Blick des im bürgerlichen Leben als Dr. Wilde agierenden Mälans:

> In die Stirn des Alten hatten sich zwei grausame Falten gegraben, und sein Lachen fuhr ihm wie ein Speer aus dem schmalen Munde; die gebeugte Gestalt wuchs an dem donnernden Stabe auf und stapfte schwer auf den wartenden Jüngling zu, der verloren und kühl in das breite eisig höhnende Gesicht sah. [...] [D]ie freie Linke des Alten krallte sich machtvoll in die Schulter des Studenten, und zwang ihm unwiderstehlich das stille Gesicht herunter vor das bohrende Augenfunkeln. (459 f.)

»Die bezwingenden Gebärden des Starken« (623), notiert der Diarist im *Pharos;* die *Rosenrothsche* Szene unterscheidet sich dadurch, daß Mälans Bereitschaft, von seiner Übermacht Gebrauch zu machen, rasch verfliegt, der Blick wird milder, der Student ist in Gnaden angenommen. Der Leuchtturmwärter dagegen würdigt den Gestrandeten nicht mal eines prüfenden Blickes (»Stirn gerunzelt, mit scharfem Blick (durch mich natürlich hindurch) auf den Horizont« (614 f.)) und macht von seiner Überlegenheit selbstverständlichen Gebrauch – »er hat mich geprügelt wie einen Hund. Mehrmals.« (628). Auch die Raumaufteilung innerhalb des Turmes ist dazu geeignet, die bestimmende vertikale Ausrichtung des Verhältnisses abzubilden: Während der Wärter oben in seinem Zimmer lebt, wird dem Diaristen der Vorraum unten zugewiesen. Eine »dicke Eisentür« (612) und eine lange Treppe trennen die beiden Räume voneinander – bereits im *Nikolaus* wird von der Notwendigkeit gesprochen, »die ‹Wirklichkeiten› reinlich zu trennen« (590).

Die Überlegenheit des Leuchtturmwärters zeigt sich aber nicht nur in seiner physischen Stärke[203], die seiner Welt nicht nur in ihrer größeren Himmelsnähe. Ein Blick in die Bibliothek des Leuchtturmwärters verrät seine Partizipation an dem in den *Dichtergesprächen* aufgestellten Literaturkanon;[204] die Vorlieben des Diaristen hingegen stehen zu diesem in scharfem Kontrast: »Wehmütige Erinnerungen: an die Universität und die Bücher und den Lehrsaal – wenn ich nur Schiller oder Dante oder Hans Sachs da hätte (hier hätte!)« (615 f.).[205] Auch die aus dem Wasser gefischte kleine »richtige Bibliothek« (617) des Diaristen dürfte kaum Texte enthalten, die in den Schmidtschen Kanon einzufügen wären: »Es ist viel französisch, Hugo, Molière, Crébillon und ein paar ältere englische Sachen« (ebd.). Die Gegenüberstellung der beiden Bibliotheken hat Sudhoff zu der These veranlaßt, »die ungleichen Protagonisten [würden] im letzten einen Kampf um die Literatur« ausfechten,[206] bei dem der Diarist die akademische Tradition, der Wärter die romantische repräsentiere. Am Ende siege, so Sudhoff, der Diarist gegen den »Einfluß der romantischen Dichterheroen und die Verlockungen zur Weltflucht«.[207] Die Bibliothek des Leuchtturmwärters enthält Werke von »Fouqué, Hoffmann, Wieland, Holberg, Stifter« (618), von Autoren also, die sich nicht unter das Schlagwort ›Romantik‹ bringen lassen, wohl aber alle auch Bewohner des Elysiums der *Dichtergespräche* sind. Die aus dem Wasser gefischte ›Bibliothek‹ des Diaristen enthält vor allem französische Literatur, seine Vorlieben sind aber Schiller, Dante und Sachs; über beide Gruppen ist der Diarist kaum als Repräsentant der akademischen Tradition erkennbar. Darüber hinaus scheint weder der von Sudhoff nahegelegte Sieg der akademischen Tradition noch der Bruch mit Autoren der Romantik plausibel. Thomas Körber

---

203 »Er hat ein mächtiges Gesicht mit blauen und tiefen Augen und einer hohen Zeusstirn unter dem vollen hellblonden Haar. Er trug nur eine fadenscheinig lange Blauleinenhose; erstaunlich schmale Hüften für die breiten allmächtigen Schultern« (S. 615).
204 »Was hat er? Fouqué, Hoffmann, Wieland, Holberg, Stifter (alles Leute, die ich fast nicht kenne – sind ja alle hölzern und verschollen!)« (S. 618); der später von Schmidt wenig geschätzte Stifter wird in der *Abend mit Goldrand*-Fassung durch Tieck ersetzt (BA IV/3, S. 257), der Wärter damit eindeutig weiterhin als Leser der ›richtigen‹ Autoren präsentiert.
205 Vgl. dazu S. 278 f. der *Dichtergespräche*.
206 Sudhoff: »*Denn ich bin ein großer Zauberer!*«, S. 84.
207 ebd., S. 84.

hat darauf hingewiesen, daß, wie die Märchenserie Motive E. T. A. Hoffmanns variiert, im *Pharos* das Motiv Wirt-Gast aus Fouqués *Alethes von Lindenstein* wieder aufgenommen wird.[208]

Es ist aber weit mehr noch, als daß der Leuchtturmwärter die ›richtigen‹ Bücher besitzt und liest; sein Umgang mit den Büchern ist – wieder mit Blick zurück auf die *Dichtergespräche* – ein vollkommen idealer. Dort heißt es im 8. Gespräch, nach der ›Dia-Vorführung‹ Fouqués:

WIELAND: Ich denke mir, daß ein guter Leser so etwas sehen dürfte, wenn er den Zauberring in der Hand hat. Ich möchte wohl ein so vollkommenes Bild vom Landgut zu Ägina schauen. – (281)

Im Raum des Leuchtturmwärters werden die erzählten Welten der Bücher lebendig; in seinen Augen entstehen die Bilder,[209] weiten sich aber auch in dem Raum aus, erfüllen ihn, es »orgelt ein Stimmenlabyrinth« (618); die Buch-Welt wird zur Gegenwart.

Ein blaues Buch hat er aus dem Regal gezogen und nimmt es Streichelnd [sic] in die Hand.

Wenn man in diese Augen sieht, blaut es heraus wie ein rauher Vorfrühlingshimmel; rauscht nicht dürres Laub draußen vorbei – nein, ich bin doch hier! – aber es liegt ein spärlicher Schneestreifen auf schon grünendem Tal. – Ich will nicht, ich will nicht in die blauende Landschaft!

Die Stimme bricht auf wie eine Blüte: »Der Vorfrühling war über die Ardennen hereingebrochen–« – braune Knospen rascheln im niedrigen Unterholz – eine Haselflöte –

[...] Auf dem Tisch liegt das Buch. Wenn ich mich hochrecke: Blaues Leinen, billige Goldschrift.

Fouqué.

Zauberring. (619)

Der Diarist glaubt angesichts solcher Eindrücke, wahnsinnig zu werden. Er hat offenbar nicht begriffen, »daß es viele Welten gibt« (260) und »es freilich ganz auf die Augen« (275) ankommt, welche Welten man se-

208 Körber: *Der Adept probt den Aufstand,* S. 7 ff.
209 Die absolute Autonomie des Leuchtturmwärters zeigt sich auch in diesem Detail: Der Bibliothekar der *Insel* und seine Nachfolger bedurften eines weiblichen Gegenübers, um die ersehnten Bilderwelten entstehen lassen zu können, der Leuchtturmwärter ist auf ein solches Gegenüber nicht angewiesen.

hen kann: die sogenannte reale, oder die poetische und schöne. Der Leuchtturmwärter hat in jedem Fall die richtigen Augen, so daß die Bücher in seinen Händen zu *mächtigen* Werkzeugen der Welterzeugung werden – hier ist der Untertitel der Erzählung »Von der Macht der Dichter« anknüpfbar. Sein Verhältnis zu den geliebten Dichtern überbietet sogar noch das in den *Dichtergesprächen* für den guten Leser vorausgesetzte. Dort suchen die Leser den Weg zurück zu den Gräbern ihrer Autoren (249) und finden schließlich Eingang ins Elysium, der Leuchtturmwärter erhält dagegen im *Pharos* Besuch von E.T.A.Hoffmann in *seinem* Turm.

> Ich öffnete die Tür einen Spalt weit [...] und reckte nur den Kopf in die wartende Finsternis. Auch oben ging die Tür, glücklich und singend: dann hörte ich, wie die Schritte behende und schön um die Treppenbiegung kamen und sah die alte gegitterte Laterne, die er in der Hand trug.
> Ein zwergiger schlanker Mann im kurzen schwarzen Mäntelchen; über dem weißen Kragen sah mich das spöttische Gesicht mit dem schmalen gepreßten Mund und den großen Eulenaugen an – immer sah es im Steigen nach mir! (625)

In dem einzigen längeren Gespräch der Figuren miteinander zeigt sich deutlich, daß der Leuchtturmwärter in der Nachfolge der Dichterheroen der *Dichtergespräche* steht, während dem Diaristen die Position des Fremden zugewiesen werden kann. Wie der Eindringling in die harmonische Welt des Elysiums besteht auch der Gestrandete auf der Leuchtturminsel auf der »unerläßliche[n] Grundlage« (622) einer am Leben orientierten Betrachtungsweise in der Literatur, die entsprechend auch den Schmutz abbilden müsse (»Auch Blumen wachsen aus Schmutz« (ebd.)).[210] Der Leuchtturmwärter setzt – wie in der entsprechenden Szene der *Dichtergespräche* – »das oberste Göttliche schlechthin« (ebd.) dagegen: die Phantasie.

---

210 Das Nachkriegswerk gibt dem Diaristen in diesem Punkt offenbar recht: »*Jeder Schriftsteller* sollte die Nessel Wirklichkeit fest anfassen; und uns Alles zeigen: die schwarze schmierige Wurzel; den giftgrünen Natternstengel; die prahlende Blume(nbüchse)« (*Aus dem Leben eines Fauns*. In: BA I/1, S.317).

»Die Reinheit ist kein Erzeugnis des Schmutzes; sie läuft nebenher, ist nicht bedingt, nicht ursächlich an das Chaos gekettet. – Geist war, ehe –«. Er brach ab, dann nannte er Namen: »Platon, Schopenhauer, – obwohl die Dichter die Vollendung sind.« Er atmete tief ein und hob mit funkelnden Augen den Kopf; er rief ehern und hallend: »Cervantes!« –

Ich Stimme schwieg, besiegt von Kühnheit und Tiefsinn dieser Widerlegung; ich verstand – Cervantes: damit bewies er, wie man mit anderen Augen anderes sieht, wie aus einer Mühle ein Riese wird – nein, wie eine Mühle ein Riese ist! (ebd.)

Die Einsicht des Diaristen ist nur von kurzer Dauer (»er muß Unrecht haben – ich will es; er ist doch unsozial, brutal, krank« (ebd.)), der Leuchtturmwärter aber wird über die Szene als Repräsentant der juvenilen Literaturauffassung gekennzeichnet.

## 2.4 Von den Beschädigungen zur Erbärmlichkeit: Der Diarist

Für sich genommen erweist sich der Leuchtturmwärter also als idealer Nachfolger der juvenilen guten Leser und der mächtigen Elementargeister; seine Bedrohlichkeit und Brutalität entfaltet sich in der Interaktion mit seinem Gegenüber. Der Diarist nimmt diese Bedrohung durch den Leuchtturmwärter schon bei ihrer ersten Begegnung wahr:

> Heute vor 30 Tagen (31? es kann ein Tag fehlen!) kam ich hier an, d. h. ich habe nichts mehr gesehen und gefühlt, als den scharfen Sand, der mir die Gesichtshaut fast abscheuerte; so weit warf mich die Woge. Dann war er auch schon da und riß mich hoch wie ein Bündel. Ich war so erschöpft und von den schrecklichen Bildern der letzten zwei Tage verstört [...] dabei aber so nachtwandlerisch scharfsichtig, daß ich sofort sah, wie er mit dem Gedanken spielte, mich zu erschlagen. (612)

Aus der Beschreibung der Szene geht hervor, daß der Leuchtturmwärter den Diaristen aus der Brandung *rettet;* bekannterweise ist es gerade für einen Erschöpften schwierig, die Brandung zu durchbrechen und den Strand zu erreichen. Der Diarist *erlebt* seine Rettung durch den Leuchtturmwärter aber als für ihn lebensbedrohliche Situation. Ungeachtet der hohen Unplausibilität der Annahme, der Bewohner der Insel könne ihn retten, um ihn gleich darauf zu erschlagen, dominiert sie die Situation für den Diaristen derart, daß für Zweifel an der eigenen Interpretation kein Raum bleibt. Die Leserin freilich bekommt angesichts solcher Interpretationen Zweifel an der Zuverlässigkeit des Erzählers.[211] Die Mordabsicht des Leuchtturmwärters scheint also im hohen Maße unwahrscheinlich. Wohin aber führt dies? Der einzige, von dem wir verläßlich wissen, daß er Mordgedanken hegt, ist der Diarist selbst. Schon auf der ersten Seite heißt es:

---

211 *Unzuverlässiges Erzählen* ist beileibe kein singuläres Phänomen im Schmidtschen Œuvre, führt aber insbesondere im *Pharos* zu einer Undurchsichtigkeit der erzählten Welt. Während sich in *Gadir* die mimetischen Sätze des Diaristen, welche die Leserin zunächst für wahr hält, am Schluß der Erzählung als intern-fokalisierte Phantasievorstellungen erweisen, bleibt im *Pharos* gerade der Unterschied zwischen wahrgenommener und tatsächlicher Welt diffus. Für Rudi Schweikert dagegen darf die Möglichkeit nicht ausgeschlossen werden, »daß der ganze Bericht über die zauberisch-magische (Leucht)Turminsel Resultat von Halluzinationen eines bücherbesessenen Schiffbrüchigen ist« (»*Ko Bate!*«, S. 7), die Verbindung zu *Gadir* sei entsprechend eng.

Ich Feigling – ich muß ihn töten. Mit Gewalt geht es nicht; also *List*. (Ich werde aber auch jeden Tag heimlich mit schweren Steinen üben!) – (611)

Am Ende wird er mit der heimtückischen Strategie Erfolg haben. Diesem Vorsatz geht eine Szene voraus, in der sich der Diarist wiederum mit dem Tode bedroht fühlt.

Wir waren am Strand und er knurrte mir zu, ich solle ein Netz holen. Ich war empört über den rohen Ton und tat, als höre ich nicht; da wandte er nur den Kopf und als ich ihm zu sagen wagte, daß er sich getrost anderer Worte bedienen dürfe, war er mit einem Sprunge bei mir und schlug mich ins Gesicht, daß ich hinfiel.
    Ich war vor Scham und Erregung unfähig, mich zu rühren; Scham: daß ein Mensch so tierisch sein kann. – Erregung: oh, ich hätte ihn anspringen und züchtigen müssen. – Er hätte mich wahrscheinlich totgeschlagen (wäre besser gewesen!) (ebd.)

Die spezifische Form des unzuverlässigen Erzählens im *Pharos* erzeugt von dieser Stelle aus sehr unterschiedliche Möglichkeiten, den Text zu lesen: Entweder man läßt angesichts der offensichtlich erlittenen Verletzung des Diaristen jeden Zweifel fallen und faßt mit ihm den Leuchtturmwärter als ein Gegenüber auf, dessen man sich nur durch heimtückischen Mord – quasi in Notwehr – entledigen kann. Oder man mißtraut den Einschätzungen des Diaristen konsequent und interpretiert die obige Szene beispielsweise so, daß der Gestrandete nicht nur vergißt, das Netz zum Fischen mitzunehmen, sondern auch noch der Ansicht ist, daß seine Mithilfe bei der Nahrungsbeschaffung gemäß seinem Status durchaus nicht selbstverständlich ist und zumindest einer freundlichen Bitte bedarf. Als der Wärter ihm – freilich grob – den Kopf zurechtrückt, fühlt er sich derart gekränkt, daß er beginnt, Mordpläne zu schmieden. Eine solche Interpretation würde dann die Emotionen des Diaristen als übertrieben zurückweisen. Beide Angebote scheinen dem Text nicht angemessen: Die eine übergeht einfach die Passagen, die auf unzuverlässiges Erzählen hindeuten, die andere eliminiert kurzerhand sämtliche Schamgefühle und Ängste des Diaristen aus dem Text. Ich schlage deshalb vor, eine Revision der Interpretation des Diaristen nur dort vorzunehmen, wo der Text andere Interpretationen zuläßt bzw. nahelegt.

Daß also der Leuchtturmwärter den ihm unterlegenen Diaristen »erschlagen« will, würde ich für unwahrscheinlich und für eine versuchte Legitimation der eigenen Mordabsichten des Diaristen halten. Daran daß der Leuchtturmwärter den Diaristen mehrfach geschlagen und mißachtet hat, kann es aber keinen Zweifel geben, und das ist – selbstverständlich – keine Kleinigkeit. Diese Mißachtung der Person des Diaristen liegt weniger in einer feindseligen als in einer gleichgültigen Haltung des Leuchtturmwärters. Mehrfach spricht der Diarist davon, daß ihn der andere gar nicht beachte, durch ihn hindurchsehe (614f., 619, 630);[212] seine Wortbeiträge beschränken sich (ausgenommen 622f.) offensichtlich auf das absolute Minimum, selbst die Schläge scheint er mitunter en passant zu verteilen (618 und 623f.). Die Gleichgültigkeit des Leuchtturmwärters gegenüber den Gefühlen des Diaristen nobilitiert seine Handlungsweise keineswegs; es erklärt sie nur mithilfe anderer Intentionen. Für jemanden, der Zuwendung erwartet oder erhofft, kann Gleichgültigkeit möglicherweise schwerer zu ertragen sein als offene Feindseligkeit.[213]

Der Diarist ist aber nicht nur den Angriffen des Leuchtturmwärters ausgesetzt. Die Erniedrigungen durch den anderen werden begleitet von Selbstbezichtigungen. Fühlt sich der Diarist am Anfang »dem Rohling« (613) wenigstens noch geistig eindeutig überlegen – »Und das Tier zitiert Shakespeare (wahrscheinlich, ohne es zu wissen – es ist toll)« (615) –, macht dieses Überlegenheitsgefühl im Verlauf der Erzählung zunehmend einem Eindruck der eigenen »Erbärmlichkeit« (630) Platz. Diese selbst empfundene Erbärmlichkeit wird im Tagebuch zur Schau gestellt;[214] die Figur wird zudem sowohl über ihre Lektüre als auch über den *Umgang* mit Literatur in deutliche Ferne zu den juvenilen

---

212 Am 28. März – also 41 oder 42 Tage nach seiner Ankunft! – notiert der Diarist: »[er schien] zum erstenmale von meiner Anwesenheit Kenntnis zu nehmen« (S. 623).
213 Die Redewendung ›jemanden mit Gleichgültigkeit strafen‹ spricht dafür, daß *demonstrative* Gleichgültigkeit eine verdeckte Feindseligkeit zum Ausdruck bringt. Dieser demonstrative Charakter ist allerdings im Verhalten des Leuchtturmwärters nicht erkennbar.
214 Die Selbstbezichtigungen beginnen zwar schon auf der ersten Seite (»Ich Feigling«, S. 611), nehmen aber mit der Erkenntnis der totalen Überlegenheit des Leuchtturmwärters deutlich zu: »Ich Dummkopf« (S. 614), »Ich will nicht mehr lehren: was weiß denn ich von Dichtung!« (S. 619), »ich – Albino!« (S. 620), »ich Lakai!« (S. 622), »Ich! Schwächling!« (S. 629); das »Ich Schlaukopf« von S. 630 ist in dieser Reihe eindeutig als Sarkasmus zu lesen.

»guten Lesern« gerückt. Es ist eben mehr, als daß er sich zum in den *Dichtergesprächen* ausgewiesenen Gegenkanon bekennt, sein Umgang mit den Büchern bleibt »albern und doktrinär« (616), und wenn er sich »die ganzen ›Räuber‹ vordeklamiert, und für ein paar Stunden Vergessen dabei [findet]« (ebd.), weist er damit Literatur eine Rolle zu, die im krassen Widerspruch zu der Lesekunst der juvenilen Helden steht. Im Rückblick auf die *Insel* zeigt sich, daß er einer Umsiedelung in den dort vorgestellten utopischen Raum in keiner Hinsicht gewachsen wäre: Als er in der Bibliothek des Leuchtturmwärters den »Atlas novus« entdeckt (620f.), erkennt er die darin enthaltene Möglichkeit nicht – »ein furchtbarer Verdacht: ist er wahnsinnig??« (621) – und legt das Buch beiseite. Die Figur des Diaristen wird dem Modell des guten Lesers so deutlich *diametral* entgegengesetzt, daß die Vermutung naheliegt, sie solle durch diese Charakterisierung als Gegenfigur eines Wertesystems kenntlich gemacht werden, das über den Text hinaus Gültigkeit beansprucht. Hier ist allerdings eine Unterscheidung vonnöten; was nach diesem Wertesystem als Defizit erscheint, muß von der Figur nicht als solches erlebt werden. Auch wenn der Diarist die Möglichkeit einer Realwerdung von Buchwelten nicht erkennt (und am Ende mißversteht, scheint mir), muß ein Übertritt in eine andere Realität auch nicht zu seinen Zielvorstellungen gehören.

Die ästhetische Entscheidung, die Figur, die sich in die Reihe der guten Leser einordnen läßt, durch die Perspektive einer demgegenüber defizitären Figur erzählen zu lassen, wird durch den vorangehenden, Fragment gebliebenen *Nikolaus* vorgeprägt. Auch dort ist der eindeutig schwächeren Erzählerfigur Anton Däubler die eigentliche Zentralfigur entgegengestellt, und auch dieser *erlebt* die eigenen Defizite nicht als solche. Die Aufteilung verläuft dort aber noch anders als im *Pharos*. Anton Däubler scheint ganz und gar unbekümmert und unversehrt, während sein Onkel nicht nur den rechten Umgang mit Büchern pflegt, sondern zudem seine Leidenserfahrungen herausstellt.

Der Leuchtturmwärter im *Pharos* ist bis auf seine Leidenschaft für Bücher (»Er hat gelesen. Tag und Nacht, wie ein Durstiger, der Genesung trinkt« (629)) nicht einsehbar,[215] eine Leidensgeschichte ist angesichts seiner offensichtlichen Göttlichkeit auch nur schwer vorstellbar.

215 Dies ist allerdings auch der Fühllosigkeit des Diaristen ihm gegenüber geschuldet; vgl. dazu 2.5.

Der Diarist dürfte kaum »ein Leben lang Krieg und sein unsagbares Elend« (590) hinter sich haben, aber von Erfahrungen »von teuflischer Grausamkeit« (ebd.) berichtet der *Pharos.* Anders als in den anderen juvenilen Texten, in denen Leidenserfahrungen meist in einer im Dunkeln bleibenden *Vorgeschichte* situiert werden und bei den Figuren Beschädigungen hinterlassen haben, die an ihrem Verhalten ablesbar sind, *vollzieht* sich das Leiden des Diaristen im Text.[216] Ein weiterer wichtiger Unterschied zwischen der *Nikolaus-* und der *Pharos*-Konstellation liegt im Verhältnis der Figuren zueinander. Während sich im *Nikolaus* der Onkel dem Neffen zuwendet, ihn in sein Haus aufnimmt und ihn zu anderer Weltwahrnehmung anregt und anleitet, sind solch pädagogische Ambitionen am Leuchtturmwärter kaum zu erkennen. Der Gestrandete ist ihm ein ungebetener Gast, ein Störenfried in seiner sich selbst genügenden Welt; die Einführung in seinen Kosmos *passiert* mehr, als daß sie auf eine Absicht des Leuchtturmwärters zurückzuführen ist.[217] Entsprechend schwer tut sich der Diarist mit der Verarbeitung des im Turmzimmer Erfahrenen: »Mich schütteln viele Fieber. Wie er lachte und zürnte, und warb und höhnte in der heroischen Landschaft.« (619). Im Gegensatz zu allen juvenilen Helden (ausgenommen dem Bibliothekar der *Insel*) ist er als Professor für Literatur sicherlich kein junger Mensch mehr, der sich wie Anton Däubler leicht von seinen Überzeugungen abbringen ließe. Dem Phantastischen in der Turmwelt des Leuchtturmwärters setzt er eine rationalistische Haltung (»Ich will es mit kalten Worten töten!« (620)), der Absonderung des Wärters den Wunsch entgegen, in die Gesellschaft der Menschen zurückzukehren. Beständig sucht er nach Wegen seiner Rettung von der einsamen Leuchtturminsel,[218] während der Leuchtturmwärter einen Kontakt mit der Außenwelt verhindert (623 f.). Folgerichtig hält er auch nach dem Tod des Leuchtturmwärters an seiner Flucht zurück zu den Menschen fest. Deutlich wird er hier als Antipode der juvenilen Helden gekennzeichnet.

216 Unter diesem Gesichtspunkt weist der *Pharos* eine Nähe zur *Holetschkagasse* auf; vgl. dazu 1.3.4.
217 Zur ›Sturm-Szene‹, die Anlaß für den gemeinsamen Aufenthalt im Turmzimmer gibt, vgl. 2.7.
218 »Flaschenposten??« (S. 611); »vergebens nach einem Schiff Ausschau gehalten« (S. 613); »Schwimmen!?« (ebd.); »draußen, weit im Nordosten konnte man im Morgengrauen ein Schiff erkennen, das schwer mit den Wellen kämpfte. Ich sprang auf und winkte sinnlos mit den Armen und rief« (S. 623).

Ich will mich auf eine Planke binden – am grinsenden Schwarzen vorbei ins Meer, zu den dürren Menschen. –

Ich will wie eine Fackel durch die Städte rennen: lebt doch! Lebt – doch – – (632)

In *Abend mit Goldrand* wird das Ende des Textes von A&O in »lest doch! Lest doch…«[219] verlesen; einen »weit schlechteren Sinn gäbe« seiner Ansicht nach auch die ursprüngliche »Lebt doch!«-Variante.[220] Das Verlesen dieser Stelle und die Einschätzung A&Os sind aber aus meiner Sicht bezeichnender für die Figur A&O und den Kontext der Verlesung als für das verlesene Manuskript selbst. In der juvenilen Fassung scheint der Lebenswille des Diaristen ungleich größer als seine Bereitschaft und seine Fähigkeit, sich auf die Buchwelten und auf das Lesen als Lebensalternative einzulassen: »Ich will nicht, ich will nicht in die blauende Landschaft!« (619).

Trotz aller Opposition zu den juvenilen *Helden* ist der Diarist die erniedrigte und beleidigte Figur des *Pharos,* die Ich-Stimme des Textes und *auch* des Autors: Da die Autor-Anteile wie der Antiquariats-Traum (618)[221] und die im Anschluß an die Kindheitserzählungen *Der Rebell* und *Das Kraulemännchen* zu lesende Passage der in Holzmaserungen zu durchwandernden Märchenlandschaften[222] so gar nicht zu der akademisch-hölzernen Figur des Diaristen zu passen scheinen, sind sie um so bemerkenswerter.

219 *Abend mit Goldrand.* BA IV/3, S.263.
220 ebd., S.264. Dieser Auffassung schließt sich Bernhard Sorg an (*Der Künstler als Misanthrop,* S.94). Für ihn ist der Ausruf des Diaristen Ausdruck einer (seiner?) »pathetischen Kunst-Religion« (ebd., S.93).
221 vgl. *»Wu Hi?«,* S.88.
222 »Das Holz der Schränke ist schön; ich habe als Kind stundenlang vor der geheimnisvollen Maserung aller Hölzer sitzen können (wie sich alles umeinanderschwingt) und auf den dunkelbraunen Wegen bin ich oft in Märchenländer gewandert.«, S.619.

## 2.5 Himmel oben, Dumpfheit unten:
## Zum Verhältnis Diarist–Leuchtturmwärter

Während in *Die Insel* der Bibliothekar den Übergang in den utopischen Raum allein (mit seiner Geliebten) vollzieht, spielt im Verlauf der Märchenserie die *Interaktion* mit anderen Figuren, insbesondere den mächtigen Elementargeistern, bei der Entkommens-Strategie eine größere Rolle. Im *Pharos* wird die Interaktion zwischen Diarist und Leuchtturmwärter zum bestimmenden Moment des Textes. So ist es nicht erstaunlich, daß die Beschreibung ihres Verhältnisses in der Forschungsliteratur einen breiten Raum einnimmt. Nach Sudhoff läßt sich das Verhältnis zwischen Diarist und Leuchtturmwärter »mit den Oppositionspaaren Herr–Knecht, Lehrer–Schüler, Vater–Sohn und Gott–Mensch beschreiben«.[223] Was sich bei Dieter Sudhoff und Bernhard Sorg so schön in einer Reihe lesen läßt (»Es entsteht in allen Fällen ein Oben und ein Unten«[224]), wird aber durch den Text nur zum Teil gestützt. Die Annahme, daß das Verhältnis der beiden Figuren sich überhaupt durch ein solches starres Oppositionspaar beschreiben läßt, wird dabei stillschweigend vorausgesetzt. Hintergrund für diese Vorannahme ist vermutlich der wahrgenommene Sonderstatus der *Pharos*-Erzählung, das heißt die Einschätzung, der Übergang von den *Juvenilia* zum Nachkriegswerk sei nur über einen im *Pharos* festgehaltenen Konflikt denkbar, der sich wiederum durch stereotype Rollen beschreiben lasse. Dies ist insbesondere dann problematisch, wenn man, wie offensichtlich Sudhoff und Sorg, davon ausgeht, durch eine Zuschreibung von Rollen auch einen programmatischen Charakter der Erzählung festlegen zu können. Diese Folgerung ist aus meiner Sicht weder zwingend, noch der uneindeutigen Schlußszene angemessen: Auch wenn ich unter 2.5.4 selbst für eine klare Trennung der beiden Figuren aufgrund eines bestimmten Merkmals argumentieren werde, ergibt sich aus dieser Trennung allein ebensowenig ein neues ästhetisches Programm, wie sich aus dem Tod/der Niederlage des Leuchtturmwärters auf einen Sieg des Diaristen folgern läßt. Trotz dieser Vorbehalte scheint es mir zu heuristischen Zwecken sinnvoll, die von Sorg und Sudhoff vorgegebenen Oppositionspaare als Rahmen einer Beschreibung der beiden Figuren des Textes zu übernehmen; andere, in der Forschungsliteratur nicht

---

223 Sudhoff: *»Denn ich bin ein großer Zauberer!«*, S. 83. Ebenso Sorg: *Der Künstler als Misanthrop,* S. 74 ff.
224 Sorg: *Der Künstler als Misanthrop,* S. 76.

oder nur beiläufig angesprochene Oppositionspaare wie Meister–Adept oder Wirt–Gast, werden von mir nicht diskutiert, da sich mit ihrer Hilfe keine neuen Aspekte des Textes freilegen lassen, und sie teilweise den gleichen Einwänden auszusetzen wären.

Zuvor sei aber ein Blick geworfen auf ein Verhältnis, das es im *Pharos* gerade *nicht* gibt, dem aber in den vorigen Texten eine zentrale Rolle in der Methodik des Entkommens zukommt: dem Verhältnis zwischen Mann und Frau. *Pharos* ist einer der wenigen Texte Schmidts überhaupt, in denen es keine Frauenfigur gibt;[225] nach den Lovestories der *Juvenilia* ist hiermit eine Krise in der Methodik des Entkommens angezeigt. Mit der weiblichen Figur wird nicht nur die Geliebte und interessierte Zuhörerin, die sich dankbar belehren läßt, ausgesperrt, sondern auch die Möglichkeit für die männliche Figur, sich ihrer selbst zu vergewissern: kein (Augen-)Spiegel wirft ein Bild der eigenen Vorstellungen zurück, niemand bewirkt »daß er doppelt riesenhaft vor ihrer zierlichen mädchenhaften Gestalt« (316) steht, niemand antwortet.

> Ich tanze Nebeltänze im waldigen Tal und singe unbeholfen – wie muß ich tölpisch und täppisch meine Elfe rufen? –
> »Urflüstrerin, Du Feine:
> was läßt du mich alleine? –
> Wann kommt dein Echo her – ? – « (632)

Nein, die Zeit der kleinen, zum männlichen/menschlichen Gegenüber emporschauenden Elfen scheint mit dem *Pharos* vorbei. Allerdings vermöchte der Diarist des *Pharos* auch kaum großen Eindruck zu schinden – »Ich will nicht mehr lehren: was weiß denn ich von Dichtung!« (619). Die Figur, die es könnte, bedarf keines weiblichen Gegenübers, was gleichermaßen Zeichen der Autonomie des Leuchtturmwärters als auch seiner Nicht-Menschlichkeit ist.

Das durch und durch feindliche Szenario[226] des *Pharos* läßt zudem kaum Platz für amouröse Ambitionen. Eine Beschreibung des Verhältnisses der Protagonisten wird immer auf die Schlußszene und den Tod des

---

225 Eine reine Männergesellschaft findet sich auch in *Enthymesis* und in den meisten Nachtprogrammen.
226 Dem Eindruck Bettina Clausens, daß »die Kontrahenten als eine Art ›verliebter Feinde, freundlicher Gegner‹ wahr[zu]nehmen« (»›Tautra‹ usw«, S. 38) seien, kann ich mich nicht anschließen.

überlegenen Leuchtturmwärters ausgerichtet sein müssen. Unübersehbar scheint darüber hinaus, daß der Diarist die Ermordung des Leuchtturmwärters schon zu Beginn des Textes plant (611). Die Gründe für diese Mordphantasien ändern sich aber im Laufe der Erzählung: Fühlt er sich am Anfang noch durch den Leuchtturmwärter selbst mit dem Tode bedroht, ist es später die absolute geistige Überlegenheit des anderen, die ihm unerträglich wird. Was der Diarist im Turmzimmer des Leuchtturmwärters erkennen muß, ist von Sorg als »Initiationsritus [...] in das Reich des Geheimnisses und der Wahrheit«[227] beschrieben worden. Die Beurteilung des Verhältnisses wird wesentlich davon abhängen, ob diese Initiation glückt oder ob der Schluß auch als Aufstand gegen die durch den Leuchtturmwärter repräsentierte Welt verstanden werden muß. Die Chancen, daß die Bekehrung geglückt ist, stehen angesichts der Tatsache, daß sich die Einführung in die Welt des Leuchtturmwärters von diesem unbeabsichtigt und vom Diaristen ungewollt vollzieht, wohl entsprechend schlecht. Ein Blick auf die Schlußszene, in der die Kontrahenten ein Nibelungen-Spiel aufführen,[228] bestätigt diese Vermutung. In der Nibelungen-Szene zeigt der Diarist gerade nicht, wie Peter Kock meint, »daß er seine Lektion gelernt hat, daß er begriffen hat«[229], sondern im Gegenteil, daß er über den zuvor praktizierten Umgang mit Literatur, auch bei Wechsel der Lektüre, nicht hinausgekommen ist – »vorbei und getroffen; echt Literaturprofessor« (615).[230] Zwar bezieht er sich schließlich doch noch auf die Nibelungen-Sage und damit auf den ausgewiesenen Kanon, *benutzt* aber den Text nur als Folie, um die eigenen Ziele umsetzen zu können. Dieses Funktionalisieren von Literatur zeigt sich auch in der Szene, in der sich der Diarist »die ganzen ›Räuber‹ vordeklamiert, und für ein paar Stunden Vergessen dabei« (616) findet. In der Nibelungen-Szene avanciert er zum »Rachekünstler« (629) – wobei die Betonung sicherlich auf ›Rache‹ liegt – und die Leserin wird im folgenden Zeugin einer nicht sehr werkgetreuen Nibelungen-Inszenierung: Drachentötungsszene und die Ermordung Siegfrieds gehen ineinander auf, der Diarist wechselt im Ver-

227 Sorg: *Der Künstler als Misanthrop.*, S. 78.
228 vgl. dazu: Albrecht: *Leuchtturm sein?*, S. 171 ff.
229 *Lesen? Leben?*, S. 201.
230 Der Zusammenhang des Zitats ist natürlich ein anderer als der hier Nahegelegte: »ich habe jedesmal dicht über oder neben dem Fisch vorbeigetroffen. (blödsinnige Zusammenstellung: vorbei und getroffen; echt Literaturprofessor!)«.

lauf von der Siegfried- zur Hagen-Rolle.[231] Die Buchwelt wird an die Realwelt herangezerrt und nach den eigenen Wünschen modelliert: einerseits möchte der Diarist offensichtlich die Heldenrolle übernehmen, dessen Ende ist aber für das Gegenüber vorgesehen. Damit verstößt der Diarist gegen den von der Fouqué-Stimme der *Dichtergespräche* dargelegten rechten Umgang mit Literatur:

> Die Geschichte soll Gegenwart nicht werden, sondern der Leser soll Vergangenheit sein. – Versteht ihr mich? Es handelt sich darum, Leser und Historie in die gleiche Erlebnisebene zu bringen; das muß dadurch geschehen, daß der Leser zurückgeht, nicht, daß er die Geschichte zu sich heranzerrt – modernisiert, wie man sagt. (265)

Auf ›Gegenwärtigung‹ von Literatur versteht sich der Diarist offenbar nicht, die Szenen, die er im Turmzimmer erleben muß, erklärt er sich als Verlust der eigenen Zurechnungsfähigkeit: *»Bin ich denn wahnsinnig!!* [...] Ich glaube ich habe Fieber; ich muß krank sein«* (615). Eine andere Perspektive auf das Erlebte kann er nicht einnehmen.

### 2.5.1 Herr–Knecht

Die Beschreibung ›Herr-Knecht-Verhältnis‹ deckt sich sicherlich mit der Einschätzung des Diaristen selbst zu Beginn des *Pharos*:

> Ich scheine der einzige Überlebende zu sein – (»überlebend« ist gut für diesen Sklavenzustand). (611)[232]

---

231 Mit Verweis auf den Fieberwahn des Leuchtturmwärters argumentiert Albrecht dafür, daß »ein wirklicher Rollentausch nicht erfolgt« (Albrecht: *Leuchtturm sein?*, S. 170). Der Leuchtturmwärter erliege offenbar seiner Verwundung durch den Rochen und werde nicht durch den Diaristen ermordet. So klar scheint mir die entsprechende Passage nicht zu sein: zwar ist der Leuchtturmwärter tatsächlich bereits stark geschwächt, der finale Todesstoß scheint aber vom Diaristen auszugehen (»Jetzt; und den Speer hinein – / Was da? – : Du taumelst? – Wie blaß – / Siegfried!!!«, S. 632). Daß der Leuchtturmwärter sein Gegenüber mit dem Schild attackiert, folgt der Vorlage und stützt damit eher den Rollentausch.
232 Wirklich? Im Typoskript ist »Sklaven« gestrichen, so daß sich die Klammer liest: »»überlebend« ist gut für diesen Zustand«. Im *Abend mit Goldrand* heißt es wiederum »Sklavenzustand« (S. 253). Ich danke der Arno Schmidt Stiftung für die Einsicht in das *Pharos*-Typoskript.

Peter Kock hat gegen die Bezeichnung ›Herr-Knecht-Verhältnis‹ ein-
gewandt, daß »die produktive Arbeit, die Hegels Herr in seinem
Knecht anerkennt, hier auf Seiten des ›Herrn‹ steht«.[233] Damit bezieht
er sich auf eine Szene, aus der hervorgeht, daß ›Herr‹ und ›Knecht‹ gemeinsam Fischen gehen, der ›Knecht‹ allerdings wenig Produktives
beisteuern kann, während der ›Herr‹ geschickt mehrere Fische fängt
(615). Dem entgegen steht allerdings eine andere Szene, in welcher der
Diarist durchaus für seinen ›Herrn‹ arbeiten muß:

> Eben habe ich mit einem Eimer Wasser sein Zimmer aufwischen
> müssen. (Erst ausfegen!). Ich schlich immer um die Bücher herum
> und versuchte ein paar Titel zu erhaschen. Zuerst merkte er es nicht.
> Aber als ich einmal fast eine Minute lang vor den Reihen kniete, und
> schon den Finger heben wollte, sprang er heran, schlug seine Hand
> wie eine Zange in meine Schulter, und warf mich zurück, daß ich
> polternd an die Tür fiel.
> Ich wischte halb betäubt sofort weiter. Mit fliegenden Händen, so
> daß selbst er (staunend ob meiner Demütigung!) einen Augenblick
> zusah und dann so wegwerfend lachte. – (618)

Angesichts des herrischen Habitus' des Leuchtturmwärters in dieser
Szene scheint die Bezeichnung ›Herr-Knecht-Verhältnis‹ wiederum
nicht so weit hergeholt. Das Sauberhalten der Räume der ›Herrschaft‹
erlaubt einen Blick zurück in die *Holetschkagasse*: auch dort befindet sich
Peter Öflin ja in dienender Anstellung. Natürlich posiert Rure / Rabensteiner nicht in solch herrschaftlicher Manier; braucht er aber auch
nicht, denn um wieviel *devoter* als der Diarist des *Pharos* ist Peter Öflin:[234]

> Aber er würde es sich schon herrichten, dachte er mutig; und hätte
> er auf den Steinen des Flures schlafen müssen, oder vor der Haus-
> türe, er hätte es freudig getan. (407)

So umstandslos findet sich der Diarist nicht in seine Stellung. Zwar weiß
er zunächst nicht, in wessen Turm er da geraten ist, aber auch als es an-

---

233 *Lesen? Leben?*, S.199.
234 Gleiches gilt für die guten Leser im Elysium der *Dichtergespräche*; vgl. 1.2.3.

fängt, ihm zu dämmern, ist er nicht bereit, sich unterzuordnen.[235] Nach seinem Angriff auf den Leuchtturmwärter mit Hilfe des Rochens kostet er es genießerisch aus, nun nicht mehr der Schwächere zu sein:

> Triumph!!! Oh; Jetzt.
> Und das feinste weiße Papier her; und Tinte. Haha! (So muß Loki gelacht haben, als Baldur – verfluchter Einfall! Still!)
> Bewegt er sich? – Nein! (Aber ich! Nun bin ich Herr und will mich räkeln.) Wir waren am Strand – (genießerische Pause, während er stöhnt – hm!) (625)

Die Aneignung der Herrscherposition scheint sich (auch) über eine Nachahmung der zuvor selbst erlebten Fühllosigkeit gegenüber der unterlegenen Kreatur zu vollziehen; das Entsetzen über die eigene destruktive Kraft muß zurückgedrängt werden (»verfluchter Einfall! Still!« (625)), um die neue Rolle ausfüllen zu können. Am Ende des Tages fragt sich dann auch der Diarist:

> Er bekommt rote Flecken im Gesicht – ein Fieberchen? – Oh (ich möchte doch meine dürren Hände schonen. – Bin ich denn das noch selbst?!) (627)

Diese Umkehrung des Verhältnisses muß notwendig nach kurzer Zeit fehlgehen; zu klar sind die Stärken (trotz Verwundung) zu Ungunsten des Diaristen verteilt.

Obwohl mit den obigen Überlegungen die Bezeichnung ›Herr-Knecht-Verhältnis‹ motiviert werden kann, verbleibt eine Schieflage, da mit ihr eine wechselseitige Abhängigkeit zum Ausdruck gebracht wird, die aufgrund der absoluten Autonomie des Leuchtturmwärters nicht gegeben ist. Die *Beherrschung* spielt dagegen, besonders in der Wahrnehmung des Diaristen, eine Rolle.

---

235 Zwar gibt er sich mitunter den *Anschein* von Unterwürfigkeit (»Um ihm einen Gefallen zu tun; wenn er will, rede ich ihn mit ›Eure Tritonität‹ an!«, S. 624 f.), seinen Plan, den Leuchtturmwärter bei Gelegenheit mit List umzubringen, gibt er offensichtlich nie auf.

Ebenso wie Bettina Clausen bezieht sich Bernhard Sorg in seiner Arbeit auf die Fassung, die Schmidt als Einlage in *Abend mit Goldrand* eingefügt hat. Die Einschätzung, daß »die zahlreichen Varianten den Text jedoch nur oberflächlich und nicht substantiell verändern«,[236] muß anhand der Figurenkonstellation der beiden Fassungen zurückgewiesen werden: Aus dem »Literaturprofessor« (615) der im Nachlaß gefundenen Fassung wird in *Abend mit Goldrand* ein »Fachmann für Literatur«.[237] Zwar gibt es auch in der *Abend mit Goldrand*-Fassung keine konkrete Altersangabe, die Veränderung kann aber wohl als Angleichung an die Autor-Figur des achtzehnjährigen Martin Schmidt gelesen werden, so daß es nahe-liegender scheint, davon auszugehen, daß ein »Älterer und ein Jünge-rer, ein Wissender und ein Unwissender«[238] in der *Pharos*-Einlage auf-einandertreffen. Für wie unplausibel man es auch immer halten mag, daß ein achtzehnjähriger Autor den *Pharos* geschrieben haben könne,[239] ein verjüngter Gestrandeter *verändert* das Beziehungsgefüge. Er wäre dem Leuchtturmwärter noch deutlicher unterlegen, andererseits aber (wie Anton Däubler) noch an der »blauende[n] Landschaft« (619) soziali-sierbar. Der Diarist der juvenilen Fassung ist weder erkennbar jünger als sein Gegenüber noch *unwissend*; wie der Fremde in den *Dichterge-sprächen* hat er die ›falschen‹ Literaturvorlieben und wie dieser eine An-hänglichkeit an die eigenen Vorstellungen: »Ich will mich noch fühlen, und sei es nur als Widerstand, als Gravitation« (631). Die Erdschwere sei-ner Weltwahrnehmung kann er nicht aufgeben, er *will* es aber auch nicht. Für den juvenilen *Pharos* ist also eine Berufung auf den Altersun-terschied und auf einen *daher* rührenden Unterschied der Kenntnisse für die Beschreibung des Verhältnisses der Figuren nicht möglich. Die Formulierung ›Lehrer-Schüler-Verhältnis‹ scheint zudem unpassend, da nicht nur der ›Schüler‹ nicht vom ›Lehrer‹ lernen will (was vielleicht noch nicht ungewöhnlich ist), sondern auch der ›Lehrer‹ keinerlei In-teresse an einer Wissensvermittlung zeigt. Dies würde seiner gleich-gültigen und selbstgenügsamen Haltung auch widersprechen. Wie-derum ist es der Diarist, der Ambitionen zeigt, eine überlegene Posi-

236 Clausen: »›Tautra‹ usw«, S. 33.
237 *Abend mit Goldrand.* BA IV/3, S. 254.
238 Sorg: *Der Künstler als Misanthrop,* S. 78.
239 vgl. dazu Jan Philipp Reemtsma: *Der Klappendorfer BadeTeich,* S. 227.

tion einzunehmen. Kann er die Rolle des Herrn aber zumindest kurzweilig einnehmen, bleiben seine Versuche, dem Leuchtturmwärter mit seiner eigenen Bildung zu imponieren, völlig erfolglos:

> Um ihn durch seine Unwissenheit zu demütigen, will ich davon anfangen, spielerisch und gehässig.
> Abends: Erfolg, Erfolg! (Oh, ich verächtliches Gewürm – ich habe kein Glück) Er kann griechisch und gut, sprach so schnell (allerdings mit merkwürdiger Aussprache; wo mag er die gehört haben – in Alt-Kreta selbst? – Ich habe ihn stark im Verdacht, haha!) daß ich nur die Hälfte verstand. (624)

Mit »Glück« hat das leider gar nichts zu tun, und die Frustration ob der mißglückten Vorführung des Leuchtturmwärters ist ihm deutlich anzumerken. Aufgrund der Gleichgültigkeit des Leuchtturmwärters trifft die Bezeichnung ›Lehrer-Schüler-Verhältnis‹ für die Figurenkonstellation des *Pharos* nicht zu.

### 2.5.3  Vater–Sohn

Auch die Vater-Sohn-Konstellation scheint, geht man von der *Abend mit Goldrand*-Fassung aus, auf den ersten Blick aufgrund des Altersunterschiedes naheliegender als bei Betrachtung der juvenilen Fassung. Ebenso wie das Lehrer-Schüler-Verhältnis unterliegt eine Argumentation für eine Vater-Sohn-Konstellation unabhängig von der verfolgten Argumentationsstrategie dem oben gemachten Einwand, daß ein Altersunterschied und damit ein für das Vater-Sohn-Verhältnis konstitutiver Generationskonflikt in der juvenilen Fassung nicht vorliegt.
Ausgehend von einem – nicht vorliegenden – Altersunterschied wird mithilfe unterschiedlicher Strategien in einem Großteil der Arbeiten zum *Pharos* für ein Vater-Sohn-Verhältnis argumentiert. Einige Autoren versuchen, ihre Argumentation auf die Gefühle zu stützen, die der Diarist dem Leuchtturmwärter entgegenbringt. Für Peter Ahrendt ist der *Pharos* geprägt von der »tiefverwurzelten Abneigung gegen den Vater und seine Soldatennatur, eine Abneigung, die er [Schmidt] sich endlich von der Seele schreibt«.[240] Die Identifizierung des Leuchtturmwärters mit dem Vater des Autors scheint allerdings kaum stimmig:

240 Ahrendt: *Der Büchermensch,* S. 70.

Seine Belesenheit und Souveränität rückt ihn in allzu große Ferne von der angeblichen Vorlage. Die Figur des Leuchtturmwärters ist nicht eindeutig abstoßend,[241] sondern von verwirrender Ambivalenz. Ambivalente Gefühle wiederum sind nach Sorg die Essenz der Vater-Sohn-Konstellation im *Pharos*.

> Zentral dürfte in ihr die Ambivalenz der Gefühle sein, die der Sohn dem Vater entgegenbringt, ein oft unvermitteltes Neben- und Gegeneinander von Zu- und Abneigungen, Liebe und Haß. [...] Es ist eine Abfolge von Auflehnung und Sehnsucht nach Anpassung, nach Angleichung an den Vater oder besser: Über-Vater. Bei all dem gibt es kein Entkommen, keine Hoffnung auf Flucht gegen seinen Willen.[242]

Ambivalent sind die Gefühle des Diaristen gegenüber dem Wärter in der Tat. Diese Ambivalenz entsteht allerdings nicht, wie in einer Vater-Sohn-Konstellation, aus den Bemühungen, sich von einem überlegenen Gegenüber ablösen zu müssen, sondern aus dem Bedürfnis des Diaristen, sich gegen die Welt des Leuchtturmwärters zu immunisieren (»Ich muß mich etwas zusammennehmen, sonst komme ich noch auf die tollsten Einfälle. – Durch Infektion. – « (622)). Die Überlegenheit und Faszination dieser Welt muß er nach einiger Zeit ebenso erkennen, wie daß es für ihn keinen Platz in dieser Welt gibt: »Himmel oben, Dumpfheit unten. Seligkeit! Ich weiß, was ich bin – hahaha!« (625).

Plausibler scheint es daher, wenn für einen Nachhall der biographischen Vater-Sohn-Beziehung des Autors im *Pharos* argumentiert werden soll, die Ohnmacht gegenüber der »väterliche[n] Verächtlichkeit und Brutalität«[243] heranzuziehen, wie sie in *Meine Erinnerungen an Hamburg-Hamm* von Arno Schmidt festgehalten wurden.

---

241 Vgl. dazu *Abend mit Goldrand*, BA IV/3, S. 226: »Es war schrecklich bei Uns! Diese rohen Eindeutichkeitn!: mein Vater kam gerannt, umarmte Einen von Uns fest; rief, ›Ach, wie lieb hab ich Euch!‹ und forzte dazu so gemein, und lachte, wie Wir seinen Dreck mit aufriech'n mußtn – ich konnte meinen Vater buchstäblich ›nicht riechen‹; dies Gemix aus Schweiß Tabak Darmgas Schnaps; diese freche TenorStimme, die, den ganzen Tag lang, zotige ›Couplets‹ trällerte«.
242 Sorg: *Der Künstler als Misanthrop*, S. 76.
243 Reemtsma: *Der Klappendorfer BadeTeich*, S. 229.

Im Dezember '17 lag ich auf den Tod an Diphterie – da spielte sich eine schreckliche Szene, mit meinem Vater, ab – (ich darf heut noch nich dran denkn; es iss zum Unsinnich-werd'n: so ein Lump!)[244]

Diese von Jan Philipp Reemtsma betonte Parallele[245] wird durch die väterlichen Figuren der *Juvenilia*, Rabensteiner, Rosenroth und Nikolaus, gestützt, indem selbst diese besseren Familien-Oberhäupter Züge von Verächtlichkeit und Brutalität zeigen.

Eine andere Strategie, für ein Vater-Sohn-Verhältnis im *Pharos* zu argumentieren, beruft sich nicht auf biographische Hintergründe, sondern auf das Motiv des Vatermords. Beim *Pharos,* wie Volker Wehdeking dies tut, von der »Fabel eines expressionistischen Vatermords«[246] zu sprechen, verlagert daher den Blick von den letztlich unartikulierbaren Ohnmachtsgefühlen zu den Mordphantasien des Diaristen. Der Mord selbst vollzieht sich aber mit Hilfe des mythologisch aufgeladenen Seesatans und ihm kommt von dort aus eine andere Bedeutung zu als die des Aufstandes eines Sohnes gegen seinen Vater. In der Kampf-Szene mit dem Rochen wird der brutale Leuchtturmwärter tödlich verwundet, gleichzeitig wird er damit aber Opfer einer Destruktivität, die ihm an Grausamkeit und Unbarmherzigkeit weit überlegen sein dürfte (vgl. 2.6). Zudem entbindet die Tatsache, daß die zwei Figuren gegeneinander kämpfen, nicht von der Verpflichtung, zu erklären, inwiefern sie als Vater und Sohn verstanden werden können, wenn die Schlußszene als Vatermord interpretiert werden soll. Eine solche Erklärung findet sich bei Wehdeking nicht.

Eine metapoetische Variante der Vatermord-These wird von Dieter Sudhoff vorgestellt. Bei ihm »fechten die ungleichen Protagonisten im letzten einen Kampf um die Literatur aus«[247], und er identifiziert ›Va-

---

244 *Porträt einer Klasse,* S. 164.
245 *Der Klappendorfer BadeTeich,* S. 228: »Wir kennen die Szene nicht, die anders nicht als durch die Affektworte von Hilflosigkeit und Wut aus dem ›Pharos‹ wiederholt werden kann, aber sie ist in ihrer Wirkung bezeichnet: zum Unsinnigwerden.«
246 *Aus dem Dritten Reich,* S. 55. Die Verwendung des Begriffes ›expressionistisch‹ wird bei Wehdeking nicht erklärt. Kubo versucht mit Hinweis auf expressionistische Ausdrücke im *Pharos* und auf die Häufigkeit des Vater-Sohn-Motivs in expressionistischer Literatur ebenfalls einen »expressionistischen Vatermord« im *Pharos* nachzuweisen (Kubo: *Von »Pharos« zu »Leviathan«,* S. 163); das Argument scheint mir allerdings angesichts der komplizierten Beziehungsstruktur im *Pharos* zu dünn.
247 *»Denn ich bin ein großer Zauberer!«,* S. 84.

ter‹ und ›Sohn‹ mit der alten, romantischen und der neuen, noch unsicheren Literaturauffassung. Thomas Körber hat gegen Sudhoff die Romantik-Bezüge auch im *Pharos* geltend gemacht,[248] eine ungebrochene *Heroisierung* der geschätzten Dichter gibt es allerdings nach dem *Pharos* tatsächlich nicht mehr. Im *Pharos* selbst scheint Sudhoff die Gültigkeit der romantischen Buchwelten zu übersehen. Er interpretiert den Besuch Hoffmanns im Turmzimmer als Wahnvorstellung des Diaristen.[249] Dies trifft ebensowenig zu, wie daß sich das »Stimmengewirr und Mädchengelächter« (615), das der Diarist aus dem Zimmer hört, »bald als das laute Lesen aus den Romantikern« erklärt.[250] Eine solche Erklärung kann es für die durcheinander sprechenden Stimmen gerade nicht geben.

Auch diese Variante der Vatermord-These kann nicht überzeugen, da der *Pharos* weder mit der romantischen Tradition bricht, noch der Figur des Diaristen eine neue Literaturauffassung aufgebürdet werden kann, vor allem aber, weil aus der Schlußszene keine der Figuren als Sieger und/oder Repräsentant eines neuen ästhetischen Programms hervorgeht, auf welchem das Nachkriegswerk aufbaut. Angeknüpft wird im *Leviathan* nicht an die Überzeugungen des Diaristen, wohl aber an die wesentliche Minderwertigkeit der Figur und an die Unmöglichkeit, sich in eine Welt einzufügen, die der seinen klar überlegen ist. Eine Trennung der Figuren ergibt sich also nicht auf einer metapoetischen, sondern auf einer metaphysischen Ebene (s. u.).

Zusammenfassend bleibt festzuhalten, daß, selbst wenn man das schlagende Argument des fehlenden Generationskonfliktes außer acht läßt, die vorgebrachten Belege kaum ausreichen, eine Vater-Sohn-Konstellation im *Pharos* plausibel zu machen. Auch wenn Ohnmachtsgefühle und Ambivalenz die Haltung des Diaristen zum ihm überlegenen Leuchtturmwärter durchaus bestimmen, kann von diesen Empfindungen nicht auf ein Vater-Sohn-Verhältnis geschlossen werden, da wesentliche Komponenten eines solchen Verhältnisses, wie die Bemühungen sich von der ›Vater‹-Figur abzulösen, im *Pharos* fehlen. Allenfalls

---

248 *Der Adept probt den Aufstand*, S. 7 ff. Körber weist Bezüge zu Texten Fouqués nach: neben dem im *Pharos* erwähnten *Zauberring*, nimmt Schmidt vor allem Anleihen aus *Alethes von Lindenstein*. Vgl. dazu auch die entsprechende Diskussion unter 2.3.
249 vgl. *»Denn ich bin ein großer Zauberer!«*, S. 83.
250 ebd.

können die Ohnmachtsgefühle, die das Kleinkind Arno Schmidt gegenüber seinem Vater empfunden hat, herangezogen werden, um das Machtgefälle zu beschreiben, das zwischen den so wesentlich ungleichen Kontrahenten besteht.

### 2.5.4 Gott–Mensch

Die Vergöttlichung des Leuchtturmwärters, die sich durch den ganzen Text zieht, um schließlich bei der Formulierung »allein mit ihm Gott, den ich Larve stach« (632) anzugelangen, kann metaphorisch oder wörtlich verstanden werden. Für Wolfgang Albrecht »versinnbildlicht [die Vergöttlichung] eine Faszination durch besondere menschliche Größe und Vollendung geistiger und körperlicher Art«.[251] Damit gerät Albrechts Interpretation in ähnliche Schwierigkeiten wie Bettina Clausens These, »der *Pharos*-Leser [stehe] nur einer einzigen, freilich hochkompliziert gespaltenen Figur gegenüber«[252]: Die Ambivalenz der Leuchtturmwärter-Figur, die neben aller Göttlichkeit brutale und asoziale Züge trägt, paßt weder in eine Vorstellung vom vollkommenen Menschen noch in das »ganz auffällig bevorzugt[e] Teil=Ich=Ideal«.[253] Die Voraussetzung für das Gelingen der »lebensrettende[n] Spaltungspoesie«[254] wäre doch wohl, wie Clausen auch einräumt, daß der wertlose Teil nichts Aufbewahrenswertes und der bewahrenswerte Teil nichts Wertloses enthält.

Der Ausweg hieraus wäre die wörtliche Variante: als Gott ist der Leuchtturmwärter dem Diaristen in allen Belangen überlegen, kann aber durchaus der niederen Kreatur Gleichgültigkeit und Brutalität entgegenbringen, ohne daß dies seinen Status in Frage stellen würde. Dieser Vorschlag mag eingedenk des von Schmidt zur Schau gestellten Atheismus vielleicht erstaunen, schon der Prolog dieser Arbeit sollte aber gezeigt haben, daß Schmidt religiöse Erklärungsmodelle durchaus nicht scheut, sondern daß sich seine Kritik stets gegen die kanonisierte *christliche* Religion richtet. Die Erklärung »Hoffmann war ein Gott« (623), die der Leuchtturmwärter dem Diaristen gibt, um zu belegen, daß der »Geist, d. h. Phantasie [...] das oberste Göttliche schlechthin« ist (622), würde ich ebenfalls wörtlich auffassen. Am Beispiel Hoffmann zeigt

---

251  *Leuchtturm sein?*, S. 167.
252  *»›Tautra‹ usw«*, S. 38.
253  *Kaleidoskopische Kollidiereskapaden.* In: BA III/4, S. 117 f.
254  *»›Tautra‹ usw«*, S. 40.

sich zudem, daß dieser nicht nur nach seiner menschlichen Existenz in einer anderen Welt offenbar weiterlebt, sondern auch, daß Göttlichkeit und Verächtlichkeit im *Pharos* durchaus zusammengehen. »Stumm und mit zaubrischem Hohn« (625) begegnet er dem Diaristen, und wie den Leuchtturmwärter interessiert es ihn wenig, wie der Diarist den Eindruck verarbeiten kann.

Ein Riß geht durch den *Pharos*-Text, der sich gerade nicht entlang der normativen Pole gut–böse nachzeichnen läßt; die Brutalität des Stärkeren und die Hilflosigkeit des Schwächeren widersetzen sich solchen Zuschreibungen. Die Wahrnehmungen der Figuren stehen sich dagegen klar und unversöhnlich gegenüber: Was für den Leuchtturmwärter ein elysischer Ort ist, bedeutet für den Diaristen ein Gefängnis, aus dem er nur fliehen will; was für den einen »das oberste Göttliche schlechthin« (622) ist, treibt den anderen in den Wahnsinn. Der Diarist empfindet genau, daß ihm im Leuchtturmwärter »Hohn und geisterhaftes Fremdsein« (625) gegenübersteht.

Diese ›reinliche Trennung der Welten‹ läßt sich durch die *kategoriale* Verschiedenheit der Figuren erklären. Die Begriffe Gott–Mensch scheinen mir deshalb am besten geeignet, um das Verhältnis zwischen Leuchtturmwärter und Diarist zu beschreiben. Dies wird durch den mythologischen, insbesondere gnostischen Hintergrund der Szene gestützt, die den Untergang des Leuchtturmwärters durch eine ebenfalls göttliche Figur besiegelt.

## 2.6 Der Leviathan am Strand

Die Szene, die dem Diaristen kurzweiligen Triumph beschert, bereitet gleichzeitig den Tod des Leuchtturmwärters vor. In der Schlußszene, der Nibelungen-Inszenierung, stößt der Diarist zwar noch einmal selbst mit dem Speer zu (632), auf den Tod verwundet ist der Wärter aber schon längst durch den giftigen Stachel des Mantelrochens.

[Da] sah ich ihn! Er saß blinzelnd und wartend im Korallengebälk, gute drei Meter lang und schwarz wie die Rache. Ich rief ihn mit einem Stein und er kam, mit wehenden stachelgesäumten Flossen: ein Mantelrochen.

Er sah ihn auch und fuhr zurück, aber der Dämon schoß mit halbem Leib auf den Strand und gähnte. Hei, wie die beiden Teufel umeinander sprangen, der schwarze und der weiße: Freßt euch doch! Freßt euch doch! Aber noch hatte ich kein Glück [...] Er warf ihm eine dicke Planke über den Pfeilschwanz und ein Tau um den wogenden Flossenumhang, daß er sich nicht mehr hochschnellen konnte. Ich hielt die Schlinge und stemmte mit aller Kraft den Sand unter meinen Füßen weg, während er mir den Rücken kehrte und nach seiner Axt suchte.

Er schielte mich zitternd und ermunternd an mit riesigem grinsendem Maul und gelbverdrehten Augen, und biß lüstern und sich anbietend in den Sand.

Da ließ ich ihn los!! –

Mit flatternden häutigen Flügeln schnellte er hoch und stand schnarchend in der Luft (jetzt war es ganz wie im Inferno: das schwarze mäulige Gespenst auf dem siedenden rieselnden Höllensand.) Dann schlug er, sich krümmend, mit dem dornigen Stachel zu! Der Andere fuhr herum und hieb unbegreiflich schnell mit weiß kreisenden Armen das Beil in die mantlige Umarmung; ich lag weggeschleudert im scheuernden Sand und hörte nur das volle platzende Knacken, als dem Seesatan das Rückgrat brach. (625 f.)

Ein wahrlich dämonisches Ungeheuer hat der Diarist da mit seinem Steinchen herbeigerufen; die Tragweite dieser Geisterbeschwörung erschließt sich erst über den mythologischen Kontext. Dieser Kontext ist nicht nur für die *Pharos*-Erzählung wichtig, sondern auch für die Vorstellungswelt des *Leviathan*-Bandes. Der »Seesatan« kann mit dem biblischen Seeungeheuer Leviathan identifiziert werden, der dort (Jesaja 27, 1) als Verkörperung der menschenfeindlichen Mächte, die gleichwohl Teil der Schöpfung sind, gilt. Ihm, dem Leviathan, wird im Hiobsbuch Behemot als dem Land zugehöriges Wesen (in der Gestalt eines Nilpferdes) an die Seite gestellt.[255] Im Mittelalter gilt der Leviathan als der Teufel selbst, den Christus auf ikonographischen Darstellungen mit dem Kreuz als Angelhaken gefangen hat, als Zeichen seines Sieges über den Teufel.

Dem dämonischen *Fisch* Leviathan begegnet man noch an anderen Stellen des Schmidtschen Werkes; meist verkörpert er dabei die Prinzipien, die Schmidt auch dem bösen Gott zuschreibt: »Fressen und Geilheit«.[256]

[G]estern sah ich einen Heringsschwarm im Fjord: wie sie Körper an Körper vorwärts jagten, unter ihnen, hinter ihnen, kauten Großfische an ihnen; ein Katzenhai fraß wahnsinnig, erbrach Alles in Stücken; füllte sich wieder mit Höllengier, erbrach, fraß, erbrach (es hat mir in den Händen gezuckt, Gott zu zerreißen; und klaffte sein Maul über tausend Spiralnebel, ich spränge ihn an!).[257]

Von einem weiteren, grauenerregenden Anblick – ebenfalls in Norwegen – erzählt der Diarist des *Leviathan:* »In Drontheim, in der Wochenschau hab ich ihn gesehen«;[258] gemeint ist der von Schmidt sogenannte »Schwellenreißer«. »Da sah ich ihn!« (625), heißt es parallel dazu im *Pharos;* das Hiobsbuch legt diese Engführung von Seesatan und Schwellenreißer durchaus nahe. Zu den fürchterlichen Eigenschaften des Leviathans, die Gott Hiob aufzählt, gehören auch seine »zweckvoll

255 vgl. dazu: Jürgen Ebach: *Leviathan und Behemot.*
256 *Leviathan.* In: BA I/1, S. 48.
257 Erster Brief an Werner Murawski. In: *Die Wundertüte,* S. 146. Weitere Passagen über den Seesatan finden sich in: *Belphegor oder Wie ich Euch hasse.* In: BA II/2, S. 197; *Massenbach. Historische Revue.* In. BA II/1, S. 49; nahezu die gleiche Stelle findet sich in *Kosmas oder Vom Berge des Nordens.* In: BA I/1, S. 475; zu Beginn von *Kosmas* erscheint der Rochen als Mischwesen zwischen Seeungeheuer und Undine: S. 441 f.; in *Die Wasserstraße* entdecken Ruth und Hel eine Baumwurzel, in der die Frauen sofort einen Rochen erkennen und resolut nach Hause tragen lassen (in: BA I/3, S. 448 ff.); auch in der *Schule der Atheisten* taucht ein »StachlRochn« kurz an der Wasseroberfläche (BA IV/2, S. 219) auf.
258 *Leviathan.* In: BA I/1, S. 38. Zur Bezeichnung ›Schwellenreißer‹ vgl. B. Clausen: »›Tautra‹ usw«, S. 48.

geformte[n]«[259] Spitzen: »Unter seinem Bauch sind scharfe Spitzen; er fährt wie ein Dreschschlitten über den Schlamm«.[260]

In den kanonischen Schriften der Bibel mahnen die beiden Ungeheuer Leviathan und Behemot zu der Erkenntnis, daß »die erschaffene Welt nicht zugleich die heile Welt ist«,[261] aber wie auch im Hiobsbuch wird die Fähigkeit des Gottes Jahwe betont, die Ungeheuer zu besiegen. In den Apokryphen (z.B. 4.Buch Esra 6, 49ff.) dagegen repräsentiert der Leviathan das dämonische Prinzip, das dem göttlichen feindlich und unbezwingbar gegenübersteht. Mit der Gnosis knüpft Schmidt an diese Passagen an, bezeichnet aber den dämonischen Gott nicht mit Demiurg, sondern mit Leviathan.[262] Im *Leviathan* kehrt Arno Schmidt »den Beweis des guten Gottes trotz Übel in der Welt um in einen Beweis des bösen Gottes, der Urheber einer schlechten Schöpfung ist«.[263] Während also im *Pharos* Fisch und Leviathan identisch sind, ist im Nachkriegswerk der Fisch, wie der Schwellenreißer, *Teil* des dämonischen Prinzips.

> Diese Welt ist etwas, das besser nicht wäre; wer anders sagt, der lügt! Denken Sie an die Weltmechanismen: Fressen und Geilheit. Wuchern und Ersticken. [...] Gewiß ist unsere Einsicht räumlich und zeitlich begrenzt. Dennoch bleibt der Leviathan, der seine Bosheit bald konzentriert, bald in größter Mannigfaltigkeit und Verteilung genießen will. –[264]

In der valentianischen Gnosis ist die irdische Welt Werk des Demiurgen und steht damit außerhalb der göttlichen Sphäre. Einen der integralen Bestandteile der gnostischen Lehre übernimmt Schmidt nicht:

259 *Leviathan.* In: BA I/1, S.38.
260 Hiob 41, 22.
261 Ebach: *Leviathan und Behemot,* S.26.
262 Zur Gnosis bei Arno Schmidt ausführlich: Dietmar Noering: *Der ›Schwanz-im-Maul‹;* G.Müller: *Gegenwelten,* S.273–279 und Dieter Kuhn: *Kommentierendes Handbuch,* S.106–111.
263 G.Müller: *Gegenwelten,* S.274.
264 *Leviathan.* In: BA I/1, S.48.

den Erlösungsgedanken.[265] Für den anderen, die Leibfeindlichkeit, finden sich dagegen bei Schmidt unzählige Belegstellen.[266]

Vor diesem Hintergrund wird klar, welch folgenschweres *Bündnis* der Diarist des *Pharos* mit dem Seesatan eingeht: die Gier des Leviathan nach »größter Mannigfaltigkeit und Verteilung« dürfte damit geweckt sein.[267] Am Ende hat sich die Infektion bereits ausgebreitet: »wenn ich nur noch den Schwarzen hier hätte; vielleicht kann ich es selbst sein? – « (632).[268] Die Farbprädikate »der schwarze und der weiße« (626) deuten darauf hin, daß das Opfer der Attacke als dem Leviathan direkt entgegengesetzt aufzufassen ist. In »nachgerad biblische Versalien gesetzt«[269] werden so auch die Personalpronomina für beide Teufel / Gottheiten; für den weißen (»Himmel und Erde und ER« (629)) ebenso wie für den schwarzen (»da sah ich IHN«[270]).

An dieser Stelle zeigt sich nun, daß der *Pharos* mit einer Methode des Entkommens bricht, die Ähnlichkeit mit dem gnostischen *Erlösungsgedanken* hat. Hatten insbesondere in der Märchenserie höhergestellte Wesen den menschlichen Protagonisten unterstützt und schlußendlich in die Welt der Elementargeister *erhoben,* begegnet das höhere Wesen des *Pharos* dem Schicksal des Menschen mit Gleichgültigkeit. Mit dem *Pharos* gibt es kein göttliches / höheres Wesen mehr, das in die menschliche Sphäre eingreift, um einen einzelnen von seiner menschlichen Existenz zu erlösen.

265 Dergleichen Ansicht ist Götz Müller: »Die gnostische Soteriologie, die Rettung durch den wahren Gott und seinen Sohn Christus, kennt Arno Schmidts Berufung auf die Gnosis nicht. Er schätzte die negative Seite der Gnosis, die gnostische Polemik gegen den alttestamentarischen Schöpfergott, den sie zum minderwertigen Demiurgen einer minderwertigen Welt erniedrigte« (*Gegenwelten,* S. 276). Dem entgegen steht Bernhard Sorgs Position, nach der es im *Pharos* »Hoffnung auf Rettung und Erlösung« gibt (*Der Künstler als Misanthrop,* S. 83).
266 Vgl. dazu Bernd Rauschenbach: *Wasser ist zum Waschen da.* In der Gnosis sind diese beiden Bestandteile natürlich nicht getrennt voneinander denkbar. Arno Schmidt bezieht sich also nicht auf ein gnostisches System, sondern verwendet lediglich Aspekte für seine eigene Kosmologie.
267 »Meinst du, er wird einen Bund mit dir schließen, daß du ihn für immer zum Knecht bekommst?« (Hiob 40, 28). Genau umgekehrt dürfte es sein: der Mensch gerät zeitlebens unter die Knechtschaft des Leviathan.
268 in *Schwarze Spiegel* heißt es analog: »Am Ende werde ich allein mit dem Leviathan sein (oder gar er selbst)«, BA I/1, S. 203.
269 B. Clausen: »›Tautra‹ usw«, S. 48.
270 So in der *Abend mit Goldrand*-Fassung des *Pharos,* S. 261; allerdings wird in beiden Fassungen nur je eine der Gottheiten in Versalien gesetzt.

Der Schrecken über die Gleichgültigkeit der fremden Wesen findet sich auch schon im *Kraulemännchen*.

Es war von einer erkältenden Einsamkeit, die völlige Fremdheit dieser höflichen und undeutbaren Rufe zu hören, und zu wissen, daß nicht einmal Ablehnung oder Verschlossenheit darin mitschwang, sondern daß man dem feierlich hallenden Schrei dieser Wesen gleichgültig und ganz unbekannt war. (377)

Die Situation im *Pharos* hat sich demgegenüber allerdings verschärft: der nicht absichtsvoll herbeigeführte und ungewollte Kontakt mit dem Menschen aktiviert die Verächtlichkeit und Brutalität des Gottes. So gesehen verhält sich der Leuchtturmwärter menschenverachtend, zur Misanthropie mangelt es ihm aber nach meinem Verständnis an Interesse an der menschlichen Spezies. Diese Bezeichnung für den Leuchtturmwärter hat Sorg vorgeschlagen. Die Leibfeindlichkeit, die Sorg zufolge Teil der »Ideologie des Schmidtschen Misanthropen« ist,[271] belegt er aber mit einer Stelle, die eine Empfindung des Diaristen und nicht des (misanthropischen) Leuchtturmwärters zum Ausdruck bringt: »Das [sic] man essen muß – widerlich!« (621). Sorg übersieht zudem, daß der Leuchtturmwärter in dem längeren Gespräch (622f.) nicht sein dualistisches Weltbild präsentiert, sondern die *Verschiedenheit* zweier Sphären betont: »Leben ist verschieden vom Geist« (622), »Die Reinheit ist kein Erzeugnis des Schmutzes; sie läuft nebenher, ist nicht bedingt, nicht ursächlich an das Chaos gekettet« (ebd.). Der Unterschied scheint mir in der *Perspektive* zu liegen: Die irdische Welt ist gemäß der Gnosis wie der Demiurg durch den Dualismus der väterlichen Vollkommenheit und der mütterlichen Minderwertigkeit bestimmt. Auf dieser Ebene haben die Oppositionspaare Körper–Geist, Chaos–Schöpfung usf. ihre Gültigkeit. In der höheren, von dieser *verschiedenen* Sphäre gilt dieser Dualismus aber nicht. Misanthropie setzt dagegen eine emotionale Fixierung auf den Menschen voraus, die der Leuchtturmwärter nicht zeigt.

Eine misanthropische Haltung drückt sich allerdings in der Zeichnung der Figur des Diaristen aus. Der Mensch ist nicht mehr der ›seltene Jüngling‹, wie in den Texten vor der *Pharos*-Erzählung, sondern eitel, feige und hinterhältig. Er ist auch ein Unwissender, der die Folgen seines Handelns nicht überblickt, der Schaden anrichtet an seinem Ge-

---

271 *Der Künstler als Misanthrop*, S. 79.

genüber und an ihm selbst und sich doch nicht schuldig fühlt, einer, für den es keine Erlösung mehr geben kann: »Ich hocke im glasigen Lichte wie der letzte Mensch (oder der Erste?!)« (618).

Zwar wird der Diarist des *Pharos* in deutliche Distanz zu dem Wertesystem des Autors gesetzt, gleichzeitig wird diese Distanzierung durch den Antiquariatstraum, den die Figur mit ihrem Autor teilt, wieder unterlaufen. Die Ich-Erzähler des Nachkriegswerks, die sicherlich weit mehr Anleihen aus der Biographie des Autors beziehen als der Diarist des *Pharos,* nehmen sich in der Folge des *Pharos* niemals an der Kritik der Destruktivität und Minderwertigkeit der menschlichen Existenz aus: »komisch ist der Mensch, inclusive Schmidt«.[272] Es scheint naheliegend zu vermuten, daß der Glaube an den hohen Wert des Menschen, wie er insbesondere in den frühen Texten des *Juvenilia*-Konvoluts zum Ausdruck kommt, ihm während des Krieges verloren gegangen ist. Der Ton, mit dem von dem Anblick des wahnsinnig fressenden Katzenhais und dem des Schwellenreißers erzählt wird (»Ich hab mich am Kinostuhl festhalten müssen, mit aufgerissenen Augen«[273]), bestätigt diese Vermutung, da sich neben dem offensichtlichen Schock die Unhintergehbarkeit dieser Erfahrung ausdrückt. Der Schwellenreißer ist auch hierfür ein sehr starkes Bild: der Weg zurück zu einer harmonischen Weltanschauung ist unwiderruflich zerstört. Sowohl der Schwellenreißer als auch der Katzenhai sind Bilder aus der Norwegenzeit, die als Teile des *Leviathan* und der *Wundertüte* der Öffentlichkeit zugänglich sind, die private Korrespondenz zwischen Arno und Alice Schmidt aus dieser Zeit ist nicht erhalten.[274] Im Werk Arno Schmidts finden sich nur verstreute und nicht·sehr ausführliche Erinnerungen an die Stationierung in Norwegen. Um so wichtiger scheint es mir, daß sich ein Zusammenhang zwischen den beiden Szenen und der Bildsprache des Leviathan-Fisches im *Pharos* (über das Hiobsbuch) herstellen läßt.

---

272 *Brand's Haide.* In: BA I/1, S. 121.
273 *Leviathan.* In: BA I/1, S. 38.
274 Fischer argumentiert dafür, »daß das komplette Verschwinden der Briefe absichtlich herbeigeführt wurde« (*Datierung literarischer Texte,* S. 101, Anmerkung 16), da sich im Nachlaß einige Briefumschläge dieser Korrespondenz ohne Inhalt finden.

## 2.7 Der Turm schwebt wie im Weltall

Der Koalition mit dem Seesatan am Strand geht im Text die Umbewertung des Leuchtturmwärters durch den Diaristen voraus. Hatte er ihn vorher als Rohling oder Tier gesehen, das, ohne es zu wissen, Shakespeare zitiert, ändert sich sein Bild nach einem längeren Aufenthalt im Turmzimmer. Grund für diesen Aufenthalt ist ein Sturm, in dessen Folge das Meer bis an das Fenster des Turmzimmers heranreicht (620), die Kammer des Diaristen also unter dem Meeresspiegel liegt. In der Sturmszene (618–623) erleidet der Diarist ein zweites Mal Schiffbruch, diesmal allerdings mit seinen Vorstellungen.

Zwar verfügt er vor dem Sturm auch nicht über eine genaue zeitliche und räumliche Orientierung, annäherungsweise kann er aber Zeit (»Heute vor 30 Tagen (31? es kann ein Tag fehlen!)« (612)) und Raum (»irgendwo südöstlich von Tutuila jedenfalls« (613)) bestimmen. Sowohl das Tagebuch als auch die darin enthaltene Beschreibung der Ausmaße der Insel und des Turmes (612 f.) sollen seine raum-zeitliche Verortung sicherlich unterstützen.[275] Dem steht eine Raumwahrnehmung entgegen, welche die Anschauungsformen des Diaristen empfindlich irritiert. Die zuvor geschätzten Außenmaße des Turmes decken sich nicht damit, wie sich der Turm von innen zeigt (»dem endlosen finsteren Schacht; das Geländer ist eine eiserne glatte Schlange« (618)). »Unheimlich« ist dem Diaristen der Turm deshalb von Anfang an (612 und 613). Anlaß zur Beunruhigung geben zudem die Stimmen, die er aus dem Turmzimmer des Leuchtturmwärters hört. Zu Beginn meint er noch, der Wärter spreche mit verstellter Stimme (611 f.), spätestens als er von oben viele, durcheinander sprechende Stimmen hört, greift diese Erklärung nicht mehr.

> Von oben kommt Stimmengewirr und Mädchengelächter, glockig und silbern; Alte Räte reden gewichtig, Jünglinge scherzen perlend – – *Bin ich denn wahnsinnig!!* – Es ist doch kein Mensch auf der Insel! – Oder hat er sie aus der Tiefe geholt? – Das verruchte Loch im Inselboden!!! –
> Ich habe mich in meine Ecke gedrückt und das Stückchen Decke um mich gewickelt. Es geht jetzt schon stundenlang. – Wenn ich doch einschlafen könnte (oder erwachen!!) – Ich glaube ich habe Fieber; ich muß krank sein. (615)

---

275 Auf S. 614 richtet sich der Diarist eine Sonnenuhr ein.

Alle neu angestellten Erklärungen helfen ihm allerdings kaum weiter: Am Morgen kann er keine Krankheit an sich feststellen und weder die Vorstellung, wahnsinnig zu sein, noch die einer bevölkerten Hohlwelt unter dem Turm, dürfte sich sehr beruhigend auswirken.[276] In diesem Turm gerät ihm die Welt ins Wanken, und es bleibt ihm nichts, als sich mit beiden Händen an den Resten seiner Welterklärung festzuklammern und zumindest noch die eigene Gravitation zu spüren.

> Ich halte es nicht mehr aus. Der ganze Turm flüstert in der Meernacht! Oben orgelt ein Stimmenlabyrinth!!
> Und ich sitze hier, die Hände flach auf den eisigen Boden gestützt, in einem runden Nachen in der schwarzen Unendlichkeit. – (618)

Mit dem Sturm lösen sich fixe Raum-Zeit-Koordinaten endgültig auf: Im Turmzimmer muß der Diarist mit ansehen, wie Buch-Welten durch das lesende Auge des Leuchtturmwärters entstehen (»Das sind also die Stimmen, die ich früher gehört habe« (623)) und die Realität für diesen Zeitraum überlagern. Die Wirklichkeit des Turmzimmers wird zu der weit entfernter Orte und Zeiten. Dabei ist der Verlust der gewohnten Zeitwahrnehmung für ihn schwerer zu verkraften: »es ist viel, viel lastender, Zeiten zu durchwandern, als Räume –« (630). Parallel zu der Welterzeugung aus den Worten der Bücher innerhalb des Turmzimmers verschwindet die Welt *außerhalb* des Zimmers unter den Fluten: »Fast die ganze Insel ist verschwunden im grauen und schaumigen Gerolle« (618). Das Wasser steigt schließlich so hoch, daß keine klare Trennung mehr von Himmel und Meer möglich ist:

276 Außer acht gelassen habe ich die Möglichkeit, die gehörten Stimmen seien nur Teil eines Traumes des Diaristen. Zwar wird diese Erklärung durch den Diaristen immer wieder ins Spiel gebracht (»Ein Ort wie im Traum«, S. 622; »Und endlich erwachen!!!«, S. 625), im Gegensatz zu Schweikert scheint mir aber aus dem Text zweifelsfrei hervorzugehen, daß alle Eindrücke des Diaristen auf tatsächliche Erscheinungen im Turmzimmer zurückgehen. E. T. A. Hoffmann begegnet auf der Treppe ebenso tatsächlich (dagegen Schweikert: »Ko Bate!«, S. 8), wie die Stimmen aus Fouqués *Zauberring* hörbar sind; dies in einen Traum des Diaristen zu verlegen, würde schon daran scheitern, daß dieser die Romantiker nach eigenem Bekunden (S. 618) kaum kennt. Die Hinweise auf eine mögliche Traumtätigkeit interpretiere ich als weiteren Erklärungsversuch des Diaristen, mit seinen Eindrücken fertig zu werden.

Draußen räkelt sich das Wasser; dicht vor den Fenstern. Der Regen hatte einen Augenblick nachgelassen, aber nun strömt er wieder an der Scheibe herunter. – Oder Gischt, wer weiß? (622)

Und auch Abend und Morgen verschwinden im Grau des Sturmes (619). »Die Schöpfung scheint in ihren Urzustand zurückzufallen«, wie Katharina Hagena angesichts der Sturmszene feststellt.[277] Innerhalb des Turmes entsteht währenddessen eine komplette Welt mit »blauende[r] Landschaft« (619) und Himmelsgewölbe (620f.), die freilich der anderen nicht (vollständig) gleicht: Auf der Erde bewegen sich Ritter und edle Frauen »in der heroischen Landschaft« (619), oben leuchten die Sterne strahlend am Himmel. »[M]an bekommt das Gefühl des Schwebens« (620), empfindet auch der Diarist, sehnt sich aber zurück zur Erde und versucht der fremden Welt, mit scharfem Rationalismus zu begegnen: »Ich will es mit kalten Worten töten!« (ebd.). Auch dieser Vorstoß ist notwendig zum Scheitern verurteilt, weil sich in der Turm-Welt keine geordnete Raum-Zeit-Struktur wiederherstellen läßt, die Rationalität greift ins Leere. Der Diarist fühlt sich mehr und mehr verloren in einer Welt, die sich seinem gewohnten Zugriff so beharrlich widersetzt.

Ich habe eine Zeitlang im Halbschlaf in meiner Ecke gekauert – alles verwirrt sich. Bin ich in einem Raumschiff verloren im Weltall, mitten in einem der jahrhunderteweiten chaotisch sich windenden Riesennebl. [sic] – Erde – war einmal; reise ich nicht mit uralten Augen durch fremdeste Einsamkeiten; mit mir eine reinlichste phantastische Welt. (623)

Eine glückliche Existenz in dieser schwebenden, phantastischen Welt scheint nur durch die Aufgabe der gewohnten Vorstellungen möglich; das käme wohl der Aufgabe der eigenen Identität gleich. Dazu findet sich der Diarist bis zum Schluß nicht bereit:

[I]ch weiß wohl: ich muß mit, wenn er will, aber ich will mich und ihn quälen, nutzlos, ohne Grund, nur daß ich merke, daß mein Dasein die Zeit noch erfüllt. Ich will mich noch fühlen, und sei es nur als Widerstand, als Gravitation (631)

277 *Der Turmbau zu Pharos,* S. 92.

In der Welt des Leuchtturmwärters kann und will sich der Diarist nicht zurechtfinden, da diese aber an ihren Schöpfer gebunden ist, scheint der Tod des Leuchtturmwärters für den Diaristen die einzige Möglichkeit, in seine Welt zurückzukehren. Der Entschluß, das Gegenüber zu töten, hat sich nach der Sturmszene verfestigt, der Leviathan am Strand wartet schon.,

Nach dem Sturm hat sich der Himmel zwar wieder geordnet (»Trennung von Wasser und Luft« (624)), und doch ist nicht alles so, wie es vorher war: »Die Form der Insel scheint sich beständig leicht zu verändern« (ebd.). Der Diarist ist jetzt zwar in die Vorgänge im Turmzimmer eingeweiht, an der ablehnenden Haltung des Leuchtturmwärters und seiner Welt (»alle Bücher blickten höhnisch auf mich« (625)) hat sich allerdings nichts geändert. Dem Stimmengewirr und Mädchengelächter hört er nun wieder von unten zu, und Hoffmann straft ihn auf der Treppe zum Turmzimmer mit spöttischen Blicken: »Stumm und mit zaubrischem Hohn, bis mich mein Schrei zurück warf an die kalt umarmende Wand« (ebd.).[278]

Nach der Verwundung des Leuchtturmwärters durch den Rochen tut sich der Diarist ein weiteres Mal im Turmzimmer um, entdeckt wundersame Glasmalereien, auf denen bewegte Landschaften zu sehen sind (»Sie widersprechen unserer Rahmung, unserer Weltbegrenzung« (627)), stöbert in Büchern, teilweise offensichtlich vom Leuchtturmwärter verfaßt.[279] Er kann sich der Faszination der Buch-Welten nicht mehr entziehen, gleichzeitig verstärken sich aber die Zweifel an der eigenen Zurechnungsfähigkeit.

Zweimal habe ich hier gesessen: war das Wahnsinn oder ist es die stolzeste Herrschaft der Seele, die Welten umfaßt, liebliche und wilde? (628)

278 Den Spott Hoffmanns hat er sich freilich selbst zuzuschreiben; mit seiner Bemerkung über Hoffmann »daß er schon so lange tot sei« (S. 624) zeigt er sich nicht sehr verständig und wird prompt vom Leuchtturmwärter des Zimmers verwiesen. Gleichwohl kann sich dem Diaristen doch der Eindruck aufdrängen, die Welt (d. i. Leuchtturmwärter, Bücher, Hoffmann) habe sich gegen ihn verschworen.
279 Er liest in Vernes *Reise zum Mittelpunkt der Erde,* »mit schönen und fremdartigen Textvarianten (keine bloße Übersetzung)« (S. 628) und in den »martischen Realien« (ebd.), einer Studie zu Laßwitz' *Auf zwei Planeten,* die offenbar der Leuchtturmwärter selbst verfaßt hat. Zu *Auf zwei Planeten* im Werk Arno Schmidts vgl. Schweikert: »Ko Bate!«.

Der Diarist entscheidet sich für das erstere Erklärungsmuster: »Ja! Ich muß wahnsinnig sein!« (629), und entzieht sich damit endgültig der ›blauenden Landschaft‹. Kurz darauf unterbleibt eine genaue Datierung, die Einträge beginnen fortan mit »Irgend ein Tag«, »ich weiß nicht«, »am nächsten Tag«, »Ein Tag« (ebd.) usf. Nachdem er rationale Erklärungsversuche fortan unterläßt, verfällt er immer mehr in Dumpfheit und »fast kindische Geistesschwäche« (630). Trotz offensichtlicher Umnebelung schmiedet er dennoch planvoll an seiner »Rache als Kunstwerk«.

> Ich lachte einfältig und tückisch; und tat ausweichende unterwürfige Fragen, mit der unheimlichen Gewandtheit des hellsinnigen Nachtwandlers: er sollte selbst damit kommen! (631)

Mit den Nibelungen nämlich. So kämpfen in der Schlußszene zwei deutlich geschwächte Protagonisten unter der Maske des Nibelungenliedes miteinander (»er wird immer erregter. (Der Verband war schmutzig und gelb durchsogen an der Wunde [...])«; (630)), wobei der Diarist damit seinen Plan, den anderen umzubringen, erfolgreich vollendet, während unklar bleibt, warum sich der Leuchtturmwärter auf das Spiel einläßt.[280]

---

280 Möglicherweise weil er es eben als Spiel und nicht als blutigen Ernst auffaßt. An den Vorbereitungen der Aufführung scheint er zumindest beteiligt: »Aber der *Schild!* In dessen rohen Rand er mit dem starken Messer funkelnde Ziernarben schlug, bis sie wieder ineinander mündeten« (S. 630).

## 2.8 Ein erloschener Leuchtturm

Das Titelwort ›Pharos‹ kann verstanden werden als Name der Leuchtturminsel vor Alexandria, die zu den Sieben Weltwundern zählt – und
in dessen Folgen ›Leuchtturm‹ allgemein bezeichnet – oder als das grie-
chische Wort für Textilgewebe, insbesondere für Leichentuch. Die
Frage, was das mit ›Pharos‹ assoziierte Leichentuch im *Pharos* zudecke,
ist unterschiedlich beantwortet worden: Während Sudhoff vorschlägt,
das Leichentuch decke die juvenile Märchenserie zu,[281] wird für Bettina
Clausen »mit dem Texttuch etwas [...] begraben, was sich nicht begraben
ließ«.[282] Anhand der handschriftlichen Eintragung auf dem Schlußblatt
des *Leviathan*-Manuskripts: »Durchlaufen hab ich die furchtbare Bahn«,
argumentiert Clausen dafür, »daß der offiziöse *Leviathan* nicht nur jenes
vielgerühmte und vom Autor programmatisch gern eingeforderte »Bild
der Zeit« um 1945 ausprägt; sondern, viel mehr, die endlich aufatmende
Abrechnung mit einer Vergangenheit abbildet und deren Lasten, auch
deren Abarbeitungsmühen, in einem einzigen Schriftzug abwirft«.[283]
Im *Pharos,* »seinem wahren ›Leviathan‹«,[284] zeigten sich hingegen die
Kämpfe dieser Abarbeitung. Gegen Sudhoffs Lesart spricht, daß zwar
mit dem *Pharos* ein Bruch mit den davorliegenden Texten vollzogen
wird, diese aber nicht sorgsam verborgen, sondern im Gegenteil immer
wieder (in Teilen) reaktiviert werden. Clausens Eindruck, daß die Erlebnisse, die zu dem Ton des *Pharos* geführt haben, in ihm ausgespart
werden und gleichwohl Spuren hinterlassen haben, scheint mir hingegen plausibel.

Der Leuchtturm-Metapher ist dagegen vergleichsweise wenig Be-
achtung geschenkt worden. Dies erstaunt um so mehr, als im *Abend mit
Goldrand* mehrfach auf den ›Leuchtturm‹ hingewiesen wird: Schon der
Komödienzettel des *Abend mit Goldrand* weist auf die Einlage *Pharos*
über das Stichwort ›Leuchtturm‹ hin.[285] Einen ersten Hinweis auf den
Inhalt des Manuskript ihres Boys gibt Martina wiederum über *diese*
Pharos-Bedeutung: »Denn Martin hat Mir 'n Mannuscript gegebm:
herrlich Du! Von'm LeuchtTurm was!«.[286]

---

281 Sudhoff: »*Denn ich bin ein großer Zauberer!*«, S. 83.
282 »*›Tautra‹ usw*«, S. 50 f.
283 ebd., S. 51.
284 ebd., S. 52 f.
285 *Abend mit Goldrand.* BA IV/3, S. 9: »*Ort:* Klappendorf i. El. (In Einlagen: Görlitz &
Lauban i. Schles. / Hamburg / Ein Leuchtturm / eine Wolke.)«.
286 ebd., S. 247. Auch Eugen bezeichnet den *Pharos* über dieses Stichwort: »Iss diese
Leucht'Turm=Chose noch séhr=lang?«, S. 256.

Möglicherweise erscheint der Zusammenhang zwischen Titel und Text zu offensichtlich, um dem Leuchtturm-Bild im *Pharos* nachzugehen? Ich will mich der Tragweite dieses Bildes dennoch zuwenden, vor allem deshalb, weil das entscheidende Charakteristikum des *Pharos*-Leuchtturms, wie mir scheint, bislang übersehen wurde. Sowohl Hagena als auch Albrecht lesen die Leuchtturm-Metapher »im Sinne des in *Alexander* zitierten, aufklärerischen Diktums ›Die Gelehrten sind das Licht der Finsternis‹«.[287] Der Leuchtturm im *Pharos* leuchtet aber gerade *nicht* in der Dunkelheit, er »scheint wirklich nicht mehr intakt zu sein« (614), zumindest wird er nicht entzündet.

> Der Turm selbst – etwa 25 m hoch, unten 15 m im Durchmesser mit riesigen vorgelagerten Strebepfeilern (als Wellenbrecher?) am Unterbau, dann verjüngt er sich in schön geschwungener Kurve auf etwa 8 m Diameter (in 3/5 der Höhe), dann kommt ein leicht ausladender ca 3 m hoher Kranz, und dann erst steht darüber der eigentliche Leuchtapparat mit den Scheinwerfern (die ich nebenbei noch nie in Tätigkeit gesehen habe! ein »erloschener« Leuchtturm? – Wie ein erloschener Vulkan!! Witzig, aber etwas unheimlich.) (612f.)

Ein intakter Leuchtturm ist ein Orientierungspunkt, mit dessen Hilfe Schiffe auf Kurs gehalten werden können. Im *Pharos* passieren hingegen eine Reihe von Schiffbrüchen: der erste, nach dem der Diarist auf der Insel strandet, ein zweiter, in dessen Folge eine Bücherkiste an Land geschwemmt wird (616f.), und im übertragenen Sinn ein dritter – im Turmzimmer des Leuchtturmwärters während des Sturms (!) – in dessen Folge sich der Diarist mit dem Seesatan verbündet. Vom Turmzimmer des Leuchtturmwärters, von *seinem* Elysium, dringt kein Licht, keine Orientierungshilfe nach außen, die eine sichere Fahrt durch die Unwetter verspricht.[288] Zwar ist der Leuchtturm »nur nach außen hin erloschen«[289], vermag aber auch innen den Diaristen nicht zu ›erhellen‹; sein Geist verdunkelt sich im Gegenteil immer mehr. Die Entscheidung des Leuchtturmwärters, die Scheinwerfer des Leuchtturmes nicht zu betätigen, sichert einerseits die selbstgewählte Isolation, beruht

---

287 Hagena: *Der Turmbau zu Pharos,* S. 86 f. (Das *Alexander*-Zitat findet sich in BA I/1, S. 83). Albrecht: *Leuchtturm sein?,* S. 172 f.
288 »Durchlaufen hab ich die furchtbare Bahn« – Eben kein ›Leuchtturm‹ errettet vor dieser Erfahrung.
289 Albrecht: *Leuchtturm sein?,* S. 172.

aber andererseits wiederum auf einer gehörigen Portion Gleichgültigkeit gegenüber dem Schiff und seinen Passagieren, das »weit im Nordosten [...] schwer mit den Wellen kämpfte« (623). So bleibt das strahlende Elysium dem göttlichen Leuchtturmwärter vorbehalten, während der Mensch, für diese Sphären nicht geschaffen, um sein Überleben kämpft. Am Ende gerät der gute Leser, der jegliche Hilfe verweigert, unter die Räder des Leviathan – Die »Macht der Dichter« bewahrt selbst ihn nicht vor dem Untergang.

Ein Zusammenhang zwischen dem Leuchtturm und der Fackel, die der Diarist am Ende durch die Städte tragen will, ist aus meiner Sicht nicht herstellbar.

> Entzündet von der »Macht der Dichter« kann die Ich-Figur als »Fackel« zumindest ein wenig wegweisendes Licht und zugleich hörbar die Mahnung oder Warnung an die Mitmenschen weitergeben, nicht zu resignieren, sondern am reichen geistig-literarischen Leben zu partizipieren.[290]

Die Figur des Diaristen taugt wohl kaum als wegweisendes Licht. Zudem legt der Text selbst einen ganz anderen Zusammenhang nahe:

> Ich will mich auf eine Planke binden – *am grinsenden Schwarzen* vorbei ins Meer, zu den dürren Menschen. –
> Ich will wie eine Fackel durch die Städte rennen: lebt doch! Lebt – doch – – (632, Hervorhebung MB)

Der Leviathan, der zuvor noch am Strand faulte (631), beobachtet den Vorsatz des Diaristen, zu den Menschen zurückzukehren, grinsend. Vergegenwärtigt man sich dazu noch die Semantik des Wortes ›dürr‹ – trocken, unfruchtbar, verdorrt – sind Zweifel an einem versöhnlichen, aufklärerischen Ende des *Pharos* mehr als angebracht. Es ist wohl eher eine Hiobsbotschaft, die der Diarist den dürren Menschen überbringt, entzündet nicht von der »Macht der Dichter«, sondern vom Leviathan selbst: »Aus seinem Rachen fahren Fackeln, und feurige Funken sprießen heraus«.[291] Seine Botschaft wird sich wie ein Lauffeuer verbreiten.

---

290 ebd.
291 Hiob 41, 11. Vgl. dazu auch *Alexander*. In: BA I/1, S. 91: »Wer eine Feuerschale durchs Leben zu tragen hat, dem kann sie wohl einmal übersprühen (überfließen, -schäumen). Aber das wäre eher ein Bild des Dichters, dachte ich dann auch; nicht des Tyrannen: der rennt wie eine Fackel und steckt Dörfer und Städte in Brand«.

In den Texten von *Die Insel* bis *Die Fremden* wird die Methodik des Entkommens vorgestellt als Flucht-Bewegung in einen unter-/überirdischen Ort (*Insel, Dichtergespräche*) oder in einen Raum, der zwar inmitten
der bürgerlichen Welt situiert ist, aber deutlich elysische Qualitäten
trägt (*Holetschkagasse, Rosenroth, Fremden*). Die Aufnahme in das jeweilige
Elysium erfolgt aufgrund der Fähigkeiten des juvenilen Helden (u. a.
seiner Belesenheit), mit denen er den elysischen Raum bereichert. Die
Schwierigkeiten der menschlichen Protagonisten, den anvisierten Ort
zu erreichen, nehmen im Verlauf der *Juvenilia* zu. Dies hat im wesentlichen zwei Gründe: Die Überlegenheit der Welt der Elementargeister
wird zunehmend betont, so daß die durch sie repräsentierte Welt keiner Bereicherung mehr bedarf, und die menschliche Figur ist stärker
durch Beschädigungen gezeichnet, die einer souveränen Präsentation
der eigenen Fähigkeiten im Wege stehen. Die Beschädigungen sind
Folgen unterschiedlicher Formen von Zurückweisung. Die Elementargeister sind dagegen gänzlich unversehrt und haben die Macht,
den juvenilen Helden in ihre Welt aufzunehmen oder aus ihr zu vertreiben. Die Frauen/Töchter der Elementargeister (die mitunter selbst
keine Elementargeister sind) vermitteln zwischen den Figuren und ermöglichen die Aufnahme in den elysischen Raum. In der Fragment
gebliebenen Erzählung *Mein Onkel Nikolaus* werden die Beschädigungen zu notwendigen Bestandteilen der menschlichen Existenz und zum
Erkenntnisgrund dessen, daß die »‹Wirklichkeiten› reinlich zu trennen« (590) sind. Eine andere, elysische Wirklichkeit ist im *Nikolaus*
nicht mehr innerhalb der menschlichen Welt zu finden, sondern nur
noch »*hinter* diesem groben schmutzigen Vorhang, den der Pöbel eben
Welt, Leben, Wirklichkeit, zu nennen pflegt« (ebd., Hervorhebung MB).
Wenn die Wirklichkeiten so scharf voneinander getrennt sind, ergibt
sich die Schwierigkeit, wie ein Mensch in die andere Wirklichkeit integrierbar sein kann. An diese Stelle ist der *Pharos* direkt anknüpfbar:
Der Turm der Insel und die Wirklichkeit, die sich in ihm birgt, ist sicherlich – im Sinne der in den *Juvenilia* vorgenommenen Kennzeichnung – ein *idealer Ort*. Die Integration in das Elysium scheitert aber gerade an der ›reinlichen Trennung der Wirklichkeiten‹. Schon anhand
der Beschädigungen der juvenilen Helden wurde deutlich, daß sich Erfahrungen in eine Person einschreiben; dies wird im *Pharos* dahingehend verschärft, daß sowohl die Erfahrungen wie die Vorstellungen, die

zu einer Person gehören, von dieser nicht abgelegt werden können, ohne daß sie Schaden dabei nimmt. Darüber hinaus bringt der Diarist nicht die nötigen Voraussetzungen mit, um in der Turm-Welt leben zu können. Selbst wenn er also in die elysische Wirklichkeit des Turmes entkommen wollte, wäre ein solcher Versuch notwendig zum Scheitern verurteilt, und zwar vorrangig qua seiner Eigenschaft, *Mensch* zu sein.

Der Leuchtturmwärter dagegen steht auf der anderen Seite; er ist Bewohner und/oder Schöpfer des elysischen Raumes. Für ihn spielt die Methodik des Entkommens keine Rolle, weil er immer schon angekommen ist. Von seinem Standpunkt gibt es keinerlei Interesse daran, einem Menschen zum Eintritt in seine Welt zu verhelfen. Dies unterscheidet ihn wesentlich beispielsweise von den vier *Fremden,* die Hans Flick heilen, damit er den elysischen Raum (wieder) erreichen kann.

Über das Motiv des Entkommens läßt sich also ein enger Zusammenhang zwischen *Pharos* und den vorigen Texten des *Juvenilia*-Konvoluts feststellen, obwohl der *Pharos* selbst keine Methodik des Entkommens entwirft. Im *Pharos* werden aber die Schwierigkeiten, den elysischen Raum zu erreichen, wie sie sich innerhalb der *Juvenilia* einstellen, aufgegriffen und verschärft und damit die zuvor verfolgte Methode einer Flucht-Bewegung in ein räumliches Elysium negiert. Die Existenz solcher *utopischen Räume* wird zwar weiterhin behauptet, für eine Person, die Teil der bösartigen und elenden Verhältnisse in der menschlichen Welt ist, sind diese aber prinzipiell unerreichbar.

Auch wenn die juvenile Methode des Entkommens, einer Flucht in ein räumliches Elysium, mit dem *Pharos* endet, bleibt doch die Methodik des Entkommens im Werk Arno Schmidts weiterhin virulent. In seiner ersten Veröffentlichung, dem *Leviathan*-Band, wird deutlich das Entkommen von einer Fluchtbewegung separiert: In allen drei Texten wird eine Flucht beschrieben, die scheitert, und parallel dazu ein glückendes Entkommen. Die Konsequenz aus dem negativen Ergebnis des *Pharos* ist eine Methode des Entkommens, die zwei wesentliche Unterschiede zu der in den *Juvenilia* verfolgten aufweist: das ›Utopische‹ liegt nicht mehr in einem zu erreichenden Ort, sondern immanent in der Bewegung; und die Figur, die versucht, zu entkommen, legt dabei gerade ihre menschliche Existenz ab. Im Nachkriegswerk Schmidts zeigen sich verschiedene Ausprägungen eines solchen *Transformationsprozesses;* deren Bedingungen in den kosmologischen Passagen des *Leviathan* fixiert werden.

Epilog

# Leviathan oder Die beste der Welten

*‹Lebensbahn›, ‹Lebensreise›?:* so was Vornehmes gabs früher; heute robbt man
bis zu dem Dreckpunkt, wo Einen ‹seine› Granate ‹trifft›. – Seien Sie froh, daß ich
Klammern setze, Mensch!).
(Arno Schmidt: *Das steinerne Herz*)

Mit dem Erzählband *Leviathan,* von ihm selbst später als »Prunk-
stück«[292] bezeichnet, soll nach dem Krieg Schmidts Existenz als freier
Schriftsteller begründet werden; im Januar 1948 schickte er zunächst
nur die Titelerzählung an den Rowohlt-Verlag. Dort reagierte man begeistert, schlug aber zunächst keine selbständige Publikation, sondern
eine Veröffentlichung in Fortsetzungen in der Zeitschrift *Benjamin* vor.
Die Verhandlungen zwischen Schmidt und dem Rowohlt-Verlag zogen
sich hin, bis nach eineinhalb Jahren der Band *Leviathan,* der neben der
Titelerzählung die ältere Erzählung *Enthymesis* und die zwischenzeitlich
fertiggestellte Erzählung *Gadir* enthält, im Oktober 1949 erschien.[293]
Schmidts Vertrauen in die Titelerzählung, ihm zu einem schnellen
Durchbruch als Schriftsteller zu verhelfen, war groß; immer wieder
machte er während der Verhandlungen mit dem Rowohlt-Verlag deutlich, »daß ihm der *Leviathan* von den [...] drei Erzählungen, die zur Debatte stehen, die wichtigste sei«[294], hatte aber den Eindruck, daß die
Qualität des Textes von Verlagsseite unterschätzt werde: »als ich, Un-
schuld vom Lande, erwähnte, daß ich damit vielleicht einen Literaturpreis gewinnen könnte, lächelte man amüsiert«.[295] Der Erzählband
wird zwar kein Verkaufserfolg, aber Schmidt erhält für ihn, gemeinsam
mit vier anderen Autoren, den Literaturpreis der Mainzer Akademie
der Wissenschaften und Literatur 1950.

292  *Tina.* In: BA I/2, S.180.
293  Zur Entstehung des *Leviathan* vgl. das Nachwort Susanne Fischers zur Faksimile-
Ausgabe des *Leviathan,* S.93.
294  ebd., S.93.
295  Briefentwurf Arno Schmidts an Alfred Andersch vom Februar 1955. In:
*Briefwechsel mit Alfred Andersch,* S.46.

Dieses Insistieren auf der Bedeutung des *Leviathan,* das auch im Titel des Erzählbandes zum Ausdruck kommt, leuchtet aufgrund des programmatischen Charakters der Erzählung ein.[296] Die kosmologischen Ausführungen des Erzählers im *Leviathan,* eines Unteroffiziers, der im Februar 1945 versucht, mit einer Gruppe von Zivilisten, Hitlerjungen und Soldaten in Richtung Westen zu fliehen, nehmen in der Erzählung einen großen Raum ein. Nicht die jüngstvergangene Gegenwart des Zweiten Weltkrieges steht im Mittelpunkt der Erzählung, wie zeitgenössische Kritiker mutmaßen, sondern die Kosmologie des bösen Gottes Leviathan (die ich bereits im Prolog dieser Arbeit skizziert habe). Lars Clausen hat gefordert, der *Leviathan* müsse als »*mehr als nur ein Debüt* geprüft werden. Nämlich auch *als ein Fazit*«.[297] Im Rückblick auf die *Juvenilia* und den *Pharos* wird der negative Befund des *Pharos* im *Leviathan* nicht nur aufgegriffen und begründet – die in Gesprächen mit der Jugendliebe des Unteroffiziers, Anne Wolf, und einem alten Postbeamten vorgetragene Kosmologie kann auch auf den Verlauf der *Leviathan*-Erzählung selbst zurückbezogen werden[298] und erklärt die ganz auffälligen Parallelen zwischen den drei Texten des *Leviathan*-Bandes. In allen drei Texten des Bandes spielt eine Fluchtbewegung, die Bestandteil der in den *Juvenilia*-Texten verfolgten Methode des Entkommens war, eine prominente Rolle. Die Fluchtbewegung ist jeweils durch die Bedrohung des Erzählers durch eine grundsätzlich feindliche Welt motiviert, deren Teil er aber zugleich auch ist. Ein Entkommen ist *innerhalb* dieser Welt nicht möglich, da jedes Individuum – und damit auch der jeweilige Erzähler – an den destruktiven Weltprinzipien teilhat, sondern erfordert einen Transformationsprozess, um sich eben aus den Weltprinzipien zu befreien. Zu unterscheiden wäre also zwischen ›Flucht‹ und ›Entkommen‹: Die Flucht scheitert zumindest im *Leviathan* und im *Gadir* (dort schon im Ansatz); das Entkommen glückt mit genauer zu beschreibenden Unterschieden, aber immer: im Sterbeprozeß. Der Tod *eröffnet* aber eine Wirklichkeit, die entweder außerhalb des Erzählers besteht (*Enthymesis*) oder von ihm selbst generiert wird (*Leviathan, Gadir*). Aus diesem Grund ist der Tod in den drei Er-

---

296 Zum programmatischen Charakter des *Leviathan* vgl. auch Lars Clausen: *Axiomatisches* und Joachim Klein: *Arno Schmidt als politischer Schriftsteller,* S. 93 – 109.
297 *Axiomatisches,* S. 55. Lars Clausen argumentiert auf einer anderen Ebene als ich – der biographischen – für den Fazit-Charakter des *Leviathan.*
298 Vgl. dazu Schultze & Vanderbeke: *Wer Augen hat zu sehen,* S. 72f. sowie Hans Geulen: »*Untergang*« und »*Leviathan*«, S. 224ff.

zählungen weder Ausdruck »vollständiger Hoffnungslosigkeit«[299] noch »nicht von zentraler Bedeutung, [da] keiner der drei scheitert«[300], sondern integraler Bestandteil der Methodik des Entkommens wie sie in den drei Erzählungen vorgestellt wird.[301] Für das Fortbestehen der Methodik des Entkommens ist es von entscheidender Bedeutung, daß Wirklichkeitsbereiche bestehen, die von der leviathanischen Schöpfung unabhängig sind; diese sind aber keine *Orte,* die über eine räumliche Fluchtbewegung erreicht werden könnten.

Doch nicht nur die Unmöglichkeit, einen utopischen Ort durch eine Fluchtbewegung zu erreichen, wird bestätigt und durch die Existenz des Leviathans begründet; auch das Motiv der in eine Uchronie eingebetteten Utopie wird im *Leviathan*-Band aufgegriffen und als Möglichkeit zurückgewiesen:

> War nicht alles wie eine Erzählung geworden? Und hatten auf den Fliederblättern nicht auch damals tödlich fette Raupen gelümmelt; und die blökenden Buben hatten das stille Wasser gepeitscht, bis es zischte? War nicht meine Seele auch damals gequält gewesen, und das Dasein etwas, das besser nicht wäre?[302]

So wie hier der Befund der Bösartigkeit der Weltmechanismen auch für die Vergangenheit des Individuums bestätigt wird, kann in den Antike-Erzählungen *Enthymesis* und *Gadir* des *Leviathan*-Bandes dieser Befund auch in der Vergangenheit der Menschheit erkannt werden.

Wie gezeigt, hatten alle Texte vor dem *Pharos* das Entkommen in einen utopischen Raum aus einer besseren Vergangenheit beschrieben und damit die prinzipielle Möglichkeit einer solchen Methode erstritten. Mit dem *Pharos* wird diese Möglichkeit für ungültig erklärt. Das Nachkriegswerk Schmidts bestätigt dieses Ergebnis in alle Richtungen: Es gibt keine bessere Vergangenheit derart, daß von dort aus ein Entkommen nach dem Muster der *Juvenilia* möglich wäre, in der Gegenwart zeigt sich deutlich diese Unmöglichkeit, jede denkbare (und wahr-

---

299 Kock: *Traktat auf Todesfahrt,* S. 44.

300 Körber: *Arno Schmidts Romantik-Rezeption,* S. 122.

301 Der Tod der Protagonisten bringt auch keineswegs die »Grundüberzeugungen zunächst in Gefahr, schließlich ganz zum Einsturz«, wie Felix Müller meint (Müller: *Brüche im Selbstbild,* S. 17), sondern stellt eine mögliche Konsequenz aus diesen Überzeugungen dar.

302 *Leviathan.* In: BA I/1, S. 41.

scheinliche) Entwicklung wird nichts ändern. Den Antike-Erzählungen stehen eine Reihe von Texten zur Seite, die in eine zukünftige Zeit verlegt sind, auf die eine positive Bezugnahme ebenso unmöglich gemacht wird wie auf die Vergangenheit.[303]

*Fahrt ins Graue mit obligatem Schwellenreißer*

Der Rahmen einer durch »johlende[n] Irrwitz und kreischende Vernichtungsgier«[304] bestimmten Welt, in der Zerstörung auf Zerstörung folgt, wird schon mit dem vorangestellten Brief des US-amerikanischen Soldaten abgesteckt. Aus dem zerstörten Berlin (»They asked for it and they got it«[305]) wird bereits die nächste Zerstörung, der Abwurf der ersten Atombomben auf Hiroshima und Nagasaki (»We all expect them [the Russians] to join now against the damned Japs«[306]), anvisiert. Vernichtung und Tod bestimmen auch die durch den Unteroffizier aufgezeichneten zweieinhalb Tage auf der Flucht. Diese Flucht ist von Anfang an hoffnungslos, da die Bedrohung von allen Seiten ausgeht: ein Querschläger tötet den Unteroffizier beinahe, am zweiten Tag gerät die Flüchtlingsgruppe unter Beschuß, bei dem ein Kind »völlig zerrissen [wird] von zwei Riesensplittern«[307], innerhalb der Gruppe drohen die Hitlerjungen mit Deportation und Panzerfäusten, die »Teufels-Winter-Sonne«[308] bringt keine Erwärmung, es schneit »[s]chwer und scheußlich«[309], man friert und hungert. Die ›beste der Welten‹ zeigt sich aber nicht nur von einer schlechten Seite, sondern ist prinzipiell minderwertig und grausam eingerichtet.[310] Die Vorstellung einer harmonischen, wohleingerichteten Welt gerät angesichts dieser Erfahrungen zu

---

303 Zu den Antiutopien *Schwarze Spiegel*, *Die Gelehrtenrepublik*, *Kaff* und *Die Schule der Atheisten* vgl. G. Müller: *Gegenwelten*, S. 273–297.

304 *Leviathan*. In: BA I/1, S. 47.

305 ebd., S. 35.

306 ebd., S. 35.

307 ebd., S. 43.

308 ebd., S. 54.

309 ebd., S. 46.

310 Vgl. dazu Jörg Drews: *»Wer noch leben will, der beeile sich!«*, S. 17: Die Kosmologie »in der Erzählung *Leviathan* mag in sich inkonsistent sein, doch zeigt der Schmidtsche Leviathan auf jeden Fall an, wie unabänderlich Schmidt das immer neue Auftreten von Katastrophen größten Ausmaßes ins Weltgefüge grundsätzlich eingebaut sah«.

einem »Kalauer«[311], mit dem sich die Christen (im Text repräsentiert durch den Pfarrer mit seiner Kinderschar) unbeirrbar über die Dissonanzen und Schrecken in der Welt hinwegsetzen.

> Haben diese Leute denn nie daran gedacht, daß Gott der Schuldige sein könnte? Haben sie denn nie von Kant und Schopenhauer gehört, und Gauß und Riemann, Darwin, Goethe, Wieland? Oder fassen sie's einfach nicht, und mampfen kuhselig ihren Kohl weiter durch die Jahrhunderte? [...] Einen Gottesgelehrten hab ich mal scharf vom Blinddarm urteilen hören: »Wenn er nicht zu was gut wäre, wär' er doch wohl gar nicht da!« – Whatever is, is right: Das gilt ja dann auch für spinale Kinderlähmung [...].[312]

Die Beschreibung der Unvollkommenheit in der Welt geht aber weit über das Konstatieren einzelner Sinnlosigkeiten und Fehlkonzeptionen hinaus, die Welt erscheint im *Leviathan* als planvoll konstruiertes Netz von Grausamkeiten und gegenseitiger Vernichtung. Die »traurige Beschaffenheit einer Welt, deren lebende Wesen dadurch bestehen, daß sie einander auffressen«[313] wird nicht als zufällig, sondern als das Erzeugnis eines böswilligen Schöpfers angesehen, der, wie in der christlichen Mythologie, den Menschen nach seinem Abbild geschaffen hat und seinen bösen Willen überall in der Welt eingeprägt hat.

> Um das Wesen des besagten Dämons zu beurteilen, müssen wir uns außer uns und in uns umsehen. Wir selbst sind ja ein Teil von ihm: was muß also Er erst für ein Satan sein?![314]

Die Allgegenwart der »Weltmechanismen: Fressen und Geilheit. Wuchern und Ersticken«[315] begründet die Unmöglichkeit, innerhalb der Welt zu entfliehen, da sie nicht nur die Umwelt, sondern auch den Flüchtenden selbst bestimmen. Schon mit dem ersten Eintrag der Aufzeichnungen des Unteroffiziers kann die Verknüpfung des Einzelnen mit dem Universum hergestellt werden: »Der Kopf pulst«[316] ebenso

311  *Leviathan*. In: BA I/1, S. 43.
312  ebd.
313  *Kosmas*. In: BA I/1, S. 458.
314  *Leviathan*. In: BA I/1, S. 48.
315  ebd.
316  ebd., S. 35.

wie »dieser Raum pulsiert«.[317] Der Erzähler räumt aber ein, daß es außer dem bösartigen Schöpfer *dieser* Welt, dem Leviathan, noch andere, »auch gute, weiße, englische, geben«[318] könne. »Mit dem Hinweis auf die ›guten Geister‹« formuliert Schmidt Joachim Klein zufolge »den zentralen Widerspruch seines Weltbildes«, da damit die »vorgebliche Omnipotenz« des Leviathan aufgehoben würde.[319] Dieser Widerspruch ergibt sich allerdings dadurch, daß Klein die ›guten Geister‹ als »Menschen« auffaßt, »die im Rahmen ihrer Möglichkeiten alles versuchen, die negative Entwicklung der Menschheit aufzuhalten. Die Hauptperson im *Leviathan* ist einer jener Menschen«.[320] Nun hat der Unteroffizier weder die Möglichkeit, etwas zu verbessern (»Das kranke Ding aß alten Schnee vor Hunger und Durst; ich klopfte ihm ein bißchen die Hände; es hat ja doch keinen Sinn, ich hatte auch nichts zu essen«[321]), noch zeigt er sich uneingeschränkt als besserer Mensch, der versucht die gegenseitige Zerstörung aufzuhalten: »Ich riß die Pistole heraus; ich war ganz wütend und kalt; ich herrschte in die plötzlich summende Stille: ›Wer noch einmal von Erschießen spricht, hat eine Kugel im Bauch! [...]‹«.[322] Der Unteroffizier ist wie alle anderen gefangen in den Weltmechanismen, mit dem einzigen Unterschied, daß er seine »Unfreiheit des Willens im Handeln«[323] erkennt. Die ›guten Geister‹ hingegen können Korrekturen an der unvollkommenen Natur vornehmen.[324] Die »Möglichkeit ‹übermenschlicher› Existenzen: Zauberer, Elementargeister – oh, Hoffmann«[325] gewährleistet, daß Wesen existieren, die, anders als die Menschen, unabhängig vom Leviathan sind

317 ebd., S. 41. Eine ähnliche Verknüpfung besteht zwischen der aufgeblähten Materie, aus der diese Welt geschaffen wurde, und den Blähungen in den Gedärmen der Soldaten (S. 44). »Dem Theorem vom pulsierenden Raum, seiner Expansionen und Kontraktionen entsprechen die zahlreichen Stops und Wiederanfahrten der Lokomotive, das fortwährende Raus und Rein, Aussteigen und Wiedereinsteigen der Flüchtlinge, und es entsprechen ihm die Erschütterungen noch anderer und furchtbarer Art, die Raum, Wagen und Menschenkörper in Gestalt von Geschossen durchschlagen.« (Geulen: *»Untergang« und »Leviathan«*, S. 225).
318 *Leviathan*. In: BA I/1, S. 48.
319 *Arno Schmidt als politischer Schriftsteller*, S. 97.
320 ebd., S. 103 f.
321 *Leviathan*. In: BA I/1, S. 43.
322 ebd., S. 49.
323 ebd., S. 47.
324 Vgl. ebd., S. 51.
325 ebd., S. 48.

und so ohne Widerspruch als ›gute Geister‹ in der Welt wirken können. Auf »der ‹Menschenstufe› der geistigen Wesen«[326] ist dem Leviathan nichts entgegenzusetzen, die übermenschlichen Existenzen entstehen durch die »Akkumulierung der Intelligenz zu immer größeren Portionen«.[327] Vor der Transformation zu solch höheren Wesen steht aber der Tod, »die Auflösung de[r] Einzelwes[en]«.[328] Vor allem kann es nur mit der Aufgabe der menschlichen Existenzform eine Befreiung von den körperlichen Zwängen »Fressen und Geilheit« geben.

Die Fahrt der Flüchtlingsgruppe endet auf einem Brückentorso, dessen beide Enden zerstört sind. In dieser ausweglosen Situation beschließt der Erzähler, mit Anne Wolf gemeinsam in den Tod zu springen.

*Ende*
Wir werden in die grobrote bereifte Tür treten. Goldig geschleiert wird die Teufels-Winter-Sonne lauern, weißrosa und ballkalt. Sie wird das Kinn vorschieben und bengelhaft den Mund spitzen, die Hüften zum Schwung heben. Starr werde ich den Arm um sie legen.
Da schlenkere ich das Heft voran: flieg. Fetzen.[329]

In der Vorausdeutung des gemeinsamen Todes der Liebenden liegt eine Aneignung der Situation, die eine Autonomie der Figur auch in der Alternativlosigkeit ermöglicht. In der Autonomie im Moment des Todes liegt eine Parallele zu der *Gadir*-Erzählung, auch wenn der Unteroffizier des *Leviathan* sich seines unausweichlich nahen Todes bewußt ist, während Pytheas alle Anzeichen davon ignoriert. Diese Autonomie wird aber in beiden Texten gerade nicht bis zum Tode aufrechterhalten, sondern erst durch den Tod *ermöglicht* – »Willst Du leben, so dien; willst Du frei sein, so stirb!«.[330]

326 ebd., S. 54.
327 ebd., S. 48.
328 ebd., S. 47.
329 ebd., S. 54.
330 *Die Umsiedler*. In: BA I/1, S. 279.

# Literaturverzeichnis

## 1. Primärliteratur

### 1.1 Arno Schmidt

#### 1.1.1 Werk- und Einzelausgaben

*Bargfelder Ausgabe.* Eine Edition der Arno Schmidt Stiftung im Haffmans Verlag.
Zürich: Haffmans 1986 ff.

*Arno Schmidts Wundertüte. Eine Sammlung fiktiver Briefe aus den Jahren 1948/49.* Hg. von
Bernd Rauschenbach. Zürich: Haffmans 1989.

*Dichtergespräche im Elysium.* Faksimile und Transkription. Hg. von Alice Schmidt und
Jan Philipp Reemtsma. Zürich: Haffmans 1984.

*Leviathan oder Die beste der Welten.* Faksimile der Handschrift. Hg. von Susanne Fischer.
Bargfeld/Zürich: Haffmans 1994.

*Seelandschaft mit Pocahontas.* Zettel und andere Materialien. Hg. von Susanne Fischer
und Bernd Rauschenbach. Bargfeld/Zürich: Haffmans 2000.

*Zettels Traum.* Stuttgart: Stahlberg 1970.

#### 1.1.2 Materialien und Lebenszeugnisse

*Arno Schmidt. Briefwechsel mit Alfred Andersch. Mit einigen Briefen von Gisela Andersch,
Hans Magnus Enzensberger, Helmut Heißenbüttel und Alice Schmidt.* Hg. von Bernd
Rauschenbach. Zürich: Haffmans 1986[2].

*Porträt einer Klasse. Arno Schmidt zum Gedenken.* Hg. von Ernst Krawehl. Frankfurt:
Fischer 1982.

*Über Arno Schmidt I. Rezensionen vom »Leviathan« bis zur »Julia«.* Hg. von Hans-Michael
Bock. Zürich: Haffmans 1984.

*Über Arno Schmidt II. Gesammelte Gesamtdarstellungen.* Hg. von Hans-Michael Bock und
Thomas Schreiber. Zürich: Haffmans 1987.

*»Wu Hi?« Arno Schmidt in Görlitz Lauban Greiffenberg. Materialien für eine Biographie.*
Hg. von Jan Philipp Reemtsma und Bernd Rauschenbach. Frankfurt: Fischer 1995.

### 1.2 Werke anderer Autor(innen)

Defoe, Daniel: *Robinson Crusoe.* München: Beck 1997[3].

Hoffmann, E. T. A.: *Der goldne Topf.* In: Ders.: *Märchen und Erzählungen.*
Berlin/Weimar: Aufbau 1980, S. 31–114.

Schlegel, Friedrich: *Lucinde.* Augsburg: Goldmann 1993[2].

Schnabel, Johann Gottfried: *Wunderliche Fata einiger Seefahrer [= Die Insel Felsenburg].*
Frankfurt: Zweitausendeins 1997.

Verne, Jules: *Reise zum Mittelpunkt der Erde.* Zürich: Diogenes 1976[2].

Wieland, Christoph Martin: *Gespräche im Elysium.* In: Ders.: *Sämmtliche Werke VIII,*
Band 25. (Hamburger Reprintausgabe). Hamburg: 1984.

Ders.: *Zemin und Gulindy.* In: Ders.: *Sämmtliche Werke XIII* Supplementband 2,
S. 80–103.

## 2. Sekundärliteratur

Ahrendt, Peter: *Der Büchermensch. Wesen, Werk und Wirkung Arno Schmidts. Eine umfassende Einführung.* Paderborn: Igel 1995.

Albrecht, Wolfgang: *Angenähert, anempfohlen, anverwandt. Wieland in Arno Schmidts Frühwerk (bis ›Schwarze Spiegel‹).* In: *Wieland-Studien* II (1994), S.194–220.

Ders.: *Arno Schmidt.* Stuttgart: Metzler 1998.

Ders.: *Leuchtturm sein? Wege der Selbstfindung in Arno Schmidts Erzählung »Pharos oder von der Macht der Dichter«.* In: *Arno Schmidt: Leben im Werk.* Hg. von Guido Graf. Würzburg: Königshausen und Neumann 1998, S.165–176.

Bandel, Jan-Frederik: *»Meine Büchel«. Eine Literatur der guten Leser. Lektürebeobachtungen zu Arno Schmidts »Juvenilia«.* In: *Bargfelder Bote* Lfg. 250 (2000), S.13–32.

Ders.: *Donners Tage. Zum Geisterpersonal eines wahrlich seltsam angezettelten Märchenbuches.* In: *»Des Dichters Aug' in feinem Wahnwitz rollend …« Dokumente und Studien zu »Zettel's Traum«.* Hg. von Jörg Drews und Doris Plöschberger. München: edition text + kritik 2001, S.150–167.

Ders.: *Zauberpapier. Arno Schmidts Märchenposse »Abend mit Goldrand« und die »neue perspektive« im Spätwerk* (im Erscheinen).

Baron, Ulrich: *Über die Grenzen. Strategien des Entkommens in den frühen Werken Arno Schmidts.* In: *Text + Kritik* 20/20a. 4. Auflage (Neufassung) 1986, S.58–70.

Boerner, Peter: *Tagebuch.* Stuttgart: Metzler 1969.

Brüggemann, Fritz: *Utopie und Robinsonade. Untersuchungen zu Schnabels »Insel Felsenburg« (1731–1743).* Weimar: Alexander Duncker 1914.

Busche, Jürgen: *»Abend mit Goldrand« – Alterswerk und Jugendsünde.* In: *FAZ,* 7.10.1975. Abgedruckt in: *Über Arno Schmidt I. Rezensionen vom »Leviathan« bis zur »Julia«.* Hg. von Hans-Michael Bock. Zürich: Haffmans 1984, S.292–295.

Clausen, Bettina: *Der Heimkehrerroman.* In: *Mittelweg 36* 5/1992, S.57–71.

Dies.: *»›Tautra‹ usw«. Beobachtungen zu Arno Schmidts frühem »Pharos«.* In: *Teiche zwischen Nord- und Südmeer. Fünf Vorträge* (Arno Schmidt Stiftung, Bargfeld. Hefte zur Forschung 2). Bargfeld: 1994, S.31–53.

Dies.: *Der Koitus im Werk. Zur Metaphernlage.* In: *»Timbuktu. Bloemfontein.« Sieben Vorträge* (Arno Schmidt Stiftung, Bargfeld. Hefte zur Forschung 4). Bargfeld: 1998, S.53–70.

Dies.: *Existenz textintern. Zum Fluchtpunkt einer Poetik Arno Schmidts.* Vortrag im Rahmen der Second International Arno Schmidt Conference, Portland State University 28.–30.9.2000.

Clausen, Lars: *Axiomatisches in Arno Schmidts Weltmodell.* In: *»Vielleicht sind noch andere Wege –« Vier Vorträge.* (Arno Schmidt Stiftung, Bargfeld. Hefte zur Forschung 1). Bargfeld: 1992, S.53–63.

Ders.: *Das Sataspes-Projekt.* In: *Teiche zwischen Nord- und Südmeer. Fünf Vorträge* (Arno Schmidt Stiftung, Bargfeld. Hefte zur Forschung 2). Bargfeld: 1994, S.13–29.

Damaschke, Giesbert: *Drei Mohren klaspern durchs Eilysion. Notizen zu den Spuren eines privatmythologischen Motivs in den Juvenilia, ihrem Versickern im Werk und ihrem unvermuteten Auftauchen.* In: *Schauerfeld* 4 (2000).

Drews, Jörg: *»Wer noch leben will, der beeile sich!«. Weltuntergangsphantasien bei Arno Schmidt.* In: *Apocalypse. Weltuntergangsvisionen in der Literatur des 20. Jahrhunderts.* Hg. von Gunter Grimm, Werner Faulstich und Paul Kuon. Frankfurt: Suhrkamp 1986, S.14–34.

Ducksch, Bärbel: *Arno Schmidt und die Romantik. Eine Untersuchung des Frühwerks (unter besonderer Berücksichtigung des Verhältnisses zu Tieck und Hoffmann).* Unveröffentlichte Magistraarbeit. Hamburg 1991.

Ebach, Jürgen: *Leviathan und Behemot. Eine biblische Erinnerung wider die Kolonisierung der Lebenswelt durch das Prinzip der Zweckrationalität.* Paderborn u. a.: Schöningh 1984.

Fischer, Susanne: *Datierung literarischer Texte als Inszenierung der Schriftstellerbiographie. Arno Schmidts »Pharos«.* In: *Text. Kritische Beiträge* 2 (1996), S. 97–104.

Goerdten, Ulrich: *Symbolisches im Genitalgelände. Arno Schmidts »Windmühlen« als Traumtext gelesen.* In: Protokolle 1 (1980), S. 3–28.

Ders.: *Zeichensprache, Wurzelholz und Widerstand. Arno Schmidts Erzählung »Kühe in Halbtrauer« als Vier-Instanzen-Prosa gelesen.* In: Protokolle 1 (1982), S. 61–80.

Geulen, Hans: *Nossacks »Untergang« und Arno Schmidts »Leviathan«. Probleme ihrer Gegenwärtigkeit nach 1945.* In: Zettelkasten 8 (1990), S. 211–231.

Gradmann, Stefan: *»Das Haus in der Holetschkagasse« – ein Nachtstück, nicht von Hoffmann (oder doch?).* In: *Arno Schmidt. Das Frühwerk III. Vermischte Schriften von »Die Insel« bis »Fouqué«.* Hg. von Michael Schardt. Aachen: Rader 1989, S. 159–164.

Gustafsson, Lars: *Negation als Spiegel. Utopie aus epistemologischer Sicht.* In: *Utopieforschung* Band 1. Hg. von Werner Voßkamp. Frankfurt: Suhrkamp 1985, S. 280–292.

Hagena, Katharina: *Der Turmbau zu Pharos.* In: Zettelkasten 19 (1999), S. 83–96.

Herzog, Reinhart: *Glaucus Adest. Antike-Identifikationen im Werk Arno Schmidts.* In: *Bargfelder Bote* Lfg. 14 (1975), unpaginiert.

Iglhaut, Stefan: *»Die Fremden« – Frühes Paradigma Schmidtscher Literaturkonzeption.* In: *Arno Schmidt. Das Frühwerk III. Vermischte Schriften von »Die Insel« bis »Fouqué«.* Hg. von Michael Schardt. Aachen: Rader 1989, S. 176–186.

Japp, Uwe: *Rekapitulation der Weltliteratur. Arno Schmidts Totengespräche.* In: *DVJS* 71 (1997), S. 164–177.

Klein, Joachim: *Arno Schmidt als politischer Schriftsteller.* Tübingen: Francke 1995.

Kock, Peter: *Traktat auf Todesfahrt oder Wie ich Dich geliebt hätte. Zu »Leviathan oder Die beste der Welten«.* In: *Arno Schmidt. Das Frühwerk I. Erzählungen. Interpretationen von »Gadir« bis »Kosmas«.* Hg. von Michael Schardt. Aachen: Rader 1986, S. 44–55.

Ders.: *Lesen? Leben? Schreiben… Über Arno Schmidts »Pharos oder von der Macht der Dichter«.* In: *Arno Schmidt. Das Frühwerk III. Vermischte Schriften: Interpretationen von »Die Insel« bis »Fouqué«.* Hg. von Michael Schardt. Aachen: Rader 1989, S. 194–204.

Körber, Thomas: *Der Adept probt den Aufstand: Fouqués »Alethes« und Arno Schmidts »Pharos«.* In: *Bargfelder Bote* Lfg. 181 (1993), S. 7–10.

Ders.: *Arno Schmidts Romantik-Rezeption.* Heidelberg: Winter 1998.

Krömmelbein, Thomas: *Selbstvergewisserung im Dichterolymp. Zu Arno Schmidts »Dichtergespräche im Elysium«.* In: *Arno Schmidt. Das Frühwerk III. Vermischte Schriften von »Die Insel« bis »Fouqué«.* Hg. von Michael Schardt. Aachen: Rader 1989, S. 132–142.

Ders.: *Selbstporträt in gefährdeter Zeit. Anmerkungen zu Arno Schmidts »Der junge Herr Siebold«.* In: *Arno Schmidt. Das Frühwerk III. Vermischte Schriften von »Die Insel« bis »Fouqué«.* Hg. von Michael Schardt. Aachen: Rader 1989, S. 143–149.

Krüger, Wolf-Dieter: *Bruch mit Brockes, Cooper & Co. … über Ungereimtheiten im Frühwerk Arno Schmidts.* In: Zettelkasten 6 (1988), S. 94–117.

Kubo, Shunichi: *Von »Pharos« zu »Leviathan«.* In: *Zeitschrift für Germanistik in Tohuku* 25 (1981), S. 118–130. Abgedruckt in: *Über Arno Schmidt II: Gesamtdarstellungen.* Hg. von Hans-Michael Bock und Thomas Schreiber. Zürich: Haffmans 1987, S. 162–166.

Kuhn, Dieter: *Kommentierendes Handbuch zu Arno Schmidts »Aus dem Leben eines Fauns«*. München: text + kritik 1986.

Kyora, Sabine: *»Diesem Mann einen Generalshut im literarischen Armeecorps!« Die Wolkenreise in »Abend mit Goldrand«*. In: *Bargfelder Bote* Lfg. 179–180 (1993), S. 3–23.

Martinez, Matias / Scheffel, Michael: *Einführung in die Erzähltheorie*. München: Beck 1999.

Martynkewicz, Wolfgang: *»Ich bin ein wunderliches und phantastisches Kind«. Zur Rolle des Imaginären in »Der Garten des Herrn von Rosenroth«*. In: *Arno Schmidt. Das Frühwerk III. Vermischte Schriften. Interpretationen von »Die Insel« bis »Fouqué«*. Hg. von Michael Schardt. Aachen: Rader 1989, S. 165–175.

Müller, Götz: *Gegenwelten. Die Utopie in der deutschen Literatur*. Stuttgart: Metzler 1989.

Müller, Felix: *Brüche im Selbstbild. Zur Eigenwahrnehmung der Hauptfiguren in zwei frühen Erzählungen Arno Schmidts*. In: *Bargfelder Bote* Lfg. 242 (1999), S. 8–17.

Noering, Dietmar: *Der ›Schwanz-im-Maul‹. Arno Schmidt und die Gnosis*. In: *Bargfelder Bote* Lfg. 63 (1982), S. 3–18.

Ortlepp, Gunar: *Klage aus der Bücherhöhle*. In: *Der Spiegel*, Nr. 37 (8. 9. 1975). Abgedruckt in: *Über Arno Schmidt I. Rezensionen vom »Leviathan« bis zur »Julia«*. Hg. von Hans-Michael Bock. Zürich: Haffmans 1984, S. 286–288.

Polczyk, Peter: *Fluchtpunkt Literatur. Arno Schmidts früheste Erzählung »Die Insel«*. In: *Arno Schmidt. Das Frühwerk III. Vermischte Schriften. Interpretationen von »Die Insel« bis »Fouqué«*. Hg. von Michael Schardt. Aachen: Rader 1989, S. 120–131.

Pross, Wolfgang: *Arno Schmidt*. München: Beck 1980.

Rathjen, Friedhelm: *Revelry by Night. Vergebliche Mutmaßungen zur Datierung von »Pharos«*. In: *Bargfelder Bote* Lfg. 134–136 (1989), S. 35–44.

Rauschenbach, Bernd: *Wasser ist zum Waschen da. Beobachtungen zum Abscheu vor dem Organischen bei Arno Schmidt*. In: *»Timbuktu. Bloemfontein.« Sieben Vorträge* (Arno Schmidt Stiftung, Bargfeld. Hefte zur Forschung 4). Bargfeld: 1998, S. 17–33.

Reemtsma, Jan-Philipp: *»Der Klappendorfer BadeTeich, plärrend bunt auf grün«. Gedanken zur Ästhetik des Romans ›Abend mit Goldrand‹*. In: Ders.: *Der Vorgang des Ertaubens nach dem Urknall. 10 Reden und Aufsätze*. Zürich: Haffmans 1995, S. 196–255.

Ders.: *Arno Schmidts poetische Sendung*. Vortrag im Rahmen der Second International Arno Schmidt Conference, Portland State University 28.–30. 9. 2000.

Schardt, Michael Matthias (Hg.): *Arno Schmidt. Das Frühwerk I. Erzählungen. Interpretationen von »Gadir« bis »Kosmas«*. Aachen: Rader 1986.

Ders. (Hg.): *Arno Schmidt. Das Frühwerk III. Vermischte Schriften von »Die Insel« bis »Fouqué«*. Aachen: Rader 1989.

Ders. / Vollmer, Hartmut (Hg.): *Arno Schmidt. Leben – Werk – Wirkung*. Reinbek: Rowohlt 1990.

Schmandt, Torsten: *Das Phantastische in Arno Schmidts Frühwerk*. In: *Zettelkasten* 15 (1996), S. 35–53.

Schulze-Bergmann, Joachim: *Der literarische Kanon und die Passung von Leser und Text. Eine Untersuchung zu den Begründungsfiguren literaturdidaktischer Kanonbildung im Zeitraum von 1840 bis 1977*. Frankfurt u. a.: Peter Lang 1998.

Schultze, Dirk & Vanderbeke, Dirk: *Wer Augen hat zu sehen. Zum Status der Wissenschaft in Arno Schmidts »Leviathan oder Die beste der Welten«*. In: *Zettelkasten* 18 (1999), S. 67–81.

Schweikert, Rudi: »*Ko Bate!*«. *Kurd Lasswitz' Roman »Auf Zwei Planeten« im Werk Arno Schmidts. Nebst einigen Anmerkungen zur Schmidtschen Zitierkunst und seinem Realitätsverständnis.* In: *Bargfelder Bote* Lfg. 26 (1977), S.3–23.

Ders.: *Weitere Überlegungen zur Datierung von Arno Schmidts »Pharos oder von der Macht der Dichter«. Ein kleines ABC.* In: *Bargfelder Bote* Lfg. 160–161 (1991), S.23–27.

Ders.: *Wer ist der »Fremde« aus Arno Schmidts »Dichtergesprächen im Elysium«? – Und ein nachdrücklicher Hinweis auf Sir Galahad.* In: Ders.: *Arno Schmidt und Sir Galahad. Aus dem poetischen Mischkrug.* Frankfurt: Bangert & Metzler 1995, S.7–43.

Schweser, Claudia: *Das Doppelleben des »intrépide«. »Mein Onkel Nikolaus«, ein Nachtstück romantischer Prägung.* In: *Arno Schmidt. Das Frühwerk III. Vermischte Schriften von »Die Insel« bis »Fouqué«.* Hg. von Michael Schardt. Aachen: Rader 1989, S.187–193.

Sorg, Bernhard: *Der Künstler als Misanthrop: zur Genealogie einer Vorstellung.* Tübingen: Niemeyer 1989.

Strein, Jürgen: *Alchemie im Frühwerk von Arno Schmidt.* In: *Zettelkasten* 14 (1995), S.13–30.

Sudhoff, Dieter: *»Denn ich bin ein großer Zauberer!« Die Etüden, Eskapaden und Eskapismen des jungen Arno Schmidt.* In: *Arno Schmidt. Leben – Werk – Wirkung.* Hg. von Michael Schardt und Hartmut Vollmer. Reinbek: Rowohlt 1990, S.65–88.

Virilio, Paul: *Die Metempsychose des Passagiers.* In: *Aisthesis. Wahrnehmung heute oder Perspektiven einer neuen Ästhetik.* Hg. von K. Barck, P. Gente, H. Paris und S. Richter. Leibzig: Reclam 1990, S.83–96.

Wehdeking, Volker: *Aus dem Dritten Reich ins Reich der Dichter. Die noch nicht verleugnete Idylle beim jungen Arno Schmidt.* In: *Text + Kritik* 20/20a. 4. Auflage (Neufassung) 1986, S.41–57.

Wollschläger, Hans: *Die Insel und einige andere Metaphern für Arno Schmidt.* In: *Arno Schmidt Preis 1982 für Hans Wollschläger.* Bargfeld: 1982, S.19–62.

Zymner, Rüdiger: *»Rein« und »angewandt«. Wissenschaft als Orientierungsmodell von Literatur.* In: *Arno Schmidt: Leben im Werk.* Hg. von Guido Graf. Würzburg: Königshausen und Neumann 1998, S.28–40.